汽车维护

QICHE WEIHU

主　编　　冯汉喜　向志伟
副主编　　朱胜平　邹雄杰

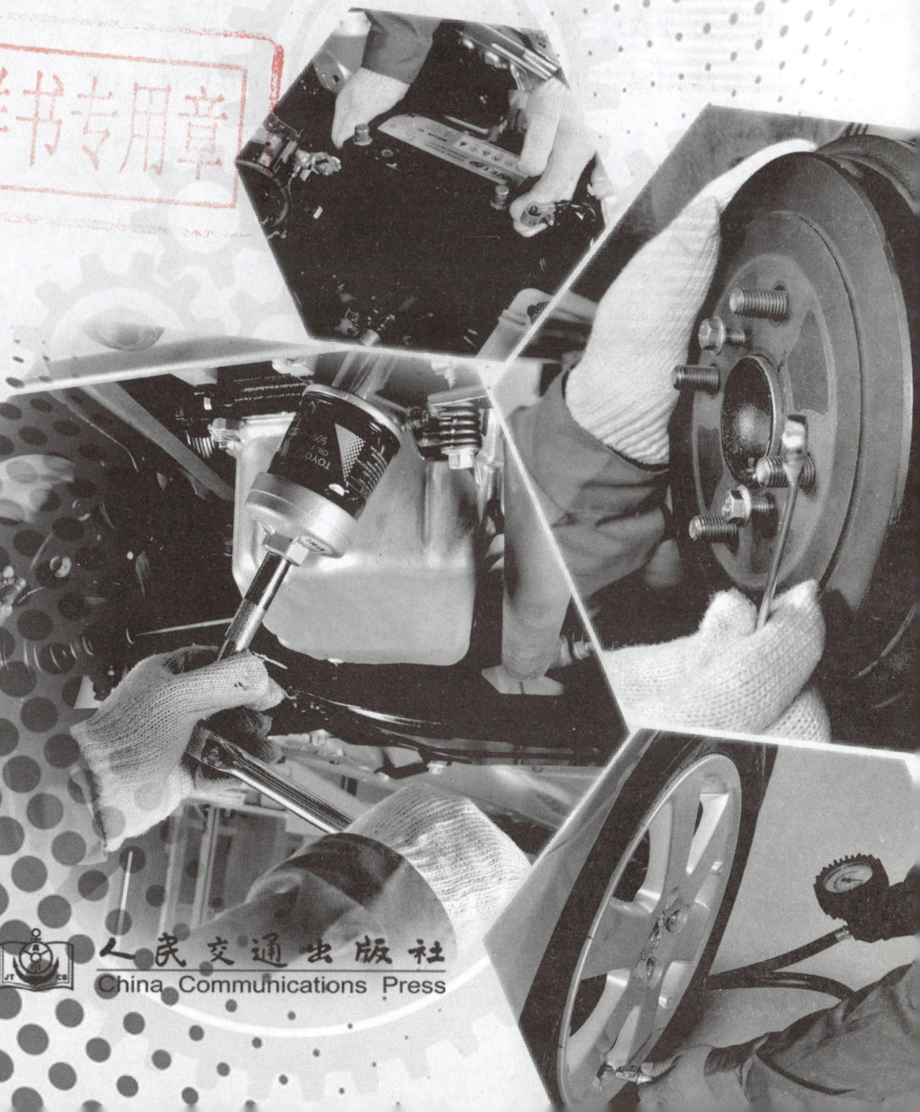

人民交通出版社
China Communications Press

内 容 提 要

本书是职业教育改革创新示范教材之一，其主要内容包括：了解汽车维护制度、了解汽车运行材料、车轮及轮胎的维护、整车的润滑、制动系的维护、蓄电池的维护和整车的维护。

本书可作为职业院校汽车运用与维修专业、汽车制造与检修专业的教材，也可供汽车维修及相关技术人员参考阅读。

图书在版编目(CIP)数据

汽车维护 / 冯汉喜，向志伟主编. —北京：人民交通出版社，2012.8

职业教育改革创新示范教材.

ISBN 978-7-114-09863-5

Ⅰ. ①汽… Ⅱ. ①冯… ②向… Ⅲ. ①汽车—车辆修理—职业教育—教材 Ⅳ. ①U472

中国版本图书馆 CIP 数据核字(2012)第 153402 号

职业教育改革创新示范教材Ⅱ

书　　名：**汽车维护**

著 作 者：冯汉喜　向志伟

责任编辑：戴慧莉

出版发行：人民交通出版社

地　　址：(100011)北京市朝阳区安定门外外馆斜街 3 号

网　　址：http://www.ccpress.com.cn

销售电话：(010)59757973

总 经 销：人民交通出版社发行部

经　　销：各地新华书店

印　　刷：北京交通印务实业公司

开　　本：787×1092　1/16

印　　张：13.75

字　　数：310 千

版　　次：2012 年 8 月　第 1 版

印　　次：2014 年 3 月　第 2 次印刷

书　　号：ISBN 978-7-114-09863-5

定　　价：29.00 元

职业教育改革创新示范教材编委会

（排名不分先后）

前言 FOREWORD

《国家中长期教育改革和发展规划纲要（2010—2020年）》中提出：大力发展职业教育，把职业教育纳入经济社会发展和产业发展规划，把提高质量作为重点；以服务为宗旨，以就业为导向，推进教育教学改革。实行工学结合、校企合作、顶岗实习的人才培养模式；满足人民群众接受职业教育的需求，满足经济社会对高素质劳动者和技能型人才的需要。

职业教育的发展已作为国家当前教育发展的战略重点之一，但目前学校所使用的教材普遍存在以下几个方面的问题：

（1）学生反映难理解，教师反映不好教；

（2）企业反映脱离实际，与他们的需求距离很大；

（3）不适应新一轮教学改革的需要，汽车车身修复、汽车商务、汽车美容与装潢等专业教材急缺；

（4）立体化程度不够，教学资源质量不高，教学方式相对落后。

针对以上问题，结合人民交通出版社汽车类专业教材的出版优势，我们开发了“职业教育改革创新示范教材”。本套教材以“积极探索教学改革思路，充分考虑区域性特点，提升学生职业素质” 为指导思想，采用职教专家、行业一线专家、学校教师、出版社编辑“四结合”的编写模式。教材内容的特点是：准确体现职业教育特点（以工作岗位所需的知识和技能为出发点）；理论内容“必需、够用”；实训内容贴合工作一线实际；选图讲究，易懂易学。

该套教材将先进的教学内容、教学方法与教学手段有效地结合起来，形成课本、课件（部分课程配）和习题集（部分课程配）三位一体的立体教学模式。

本书由武汉市交通学校冯汉喜、向志伟担任主编，由武汉市交通学校朱胜平、武汉市东西湖职业技术学校邹雄杰担任副主编，参加编写的还有夏承睿、金善东、吴碧波、李丹、蔡希贵。

限于编者的经历和水平，书中难免有不妥或错误之处，敬请广大读者批评指正，提出修改意见和建议，以便再版修订时改正。

职业教育改革创新示范教材编委会

2012 年 1 月

目录 CONTENTS

项目一
了解汽车维护制度

学习任务一 了解汽车维护制度

学习目标

◎完成本学习任务后，你应当能：

1.说出汽车维护的内容；

2.了解我国汽车维护制度。

建议完成本任务的时间为2课时。

学习任务描述

一辆新爱丽舍轿车维护里程提示器提示，需要进行定期维护。请你根据相关规定和技术资料确定维护的内容并对维护里程提示器进行复位。

学习内容

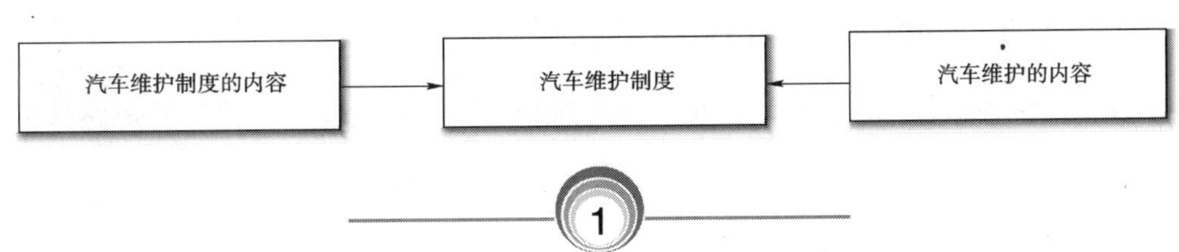

一、资料收集

引导问题 1　什么是汽车维护？

汽车作为机电产品，其使用寿命随着制造业的不断进步而延长，但其零部件都会逐渐发生磨损，技术状况会不断变差，只有根据零部件的磨损规律实施切实可行的维护措施，才能保持汽车完好的技术状态。

广义的汽车维护，其涵盖的范围相当广泛，包括汽车美容护理、汽车装饰、汽车日常维护、汽车一级维护、汽车二级维护及与其相关的汽车检测。

狭义的汽车维护，是指汽车运行中的维护，是由传统的汽车维护作业演化而来的，强调对汽车进行预防性的各种维护，是一种快捷、优质、高效的全新汽车服务，包括清洁作业、油品护理、技术调整（包括检查作业、紧固作业和调整作业）。

引导问题 2　汽车定期维护的意义是什么？

定期维护是用户车辆按一定的行驶间隔里程或使用间隔时间，定期到授权服务站对车辆进行检查和维护，定期维护包括更换发动机机油和机油滤清器等项目。

汽车由大量的零部件构成，车辆在使用过程中，各零部件会受到磨损、老化或腐蚀导致汽车性能的降低。车辆的技术性能随着行驶里程的增加以及各种环境因素的影响而发生变化，导致汽车的动力性、经济性和可靠性逐渐变差，各易损、易耗件需要更换或补充，有些损耗和早期故障在使用过程中不容易发现和感觉到。用户通过定期回到服务站，按标准的规范对车辆进行维护和检查，可以及时更换易损、易耗件，发现和消除早期的故障隐患，防止故障的发生或损坏的扩大，恢复车辆的性能指标，提高车辆的完好率，有效地延长汽车的使用寿命，如图1-1所示。

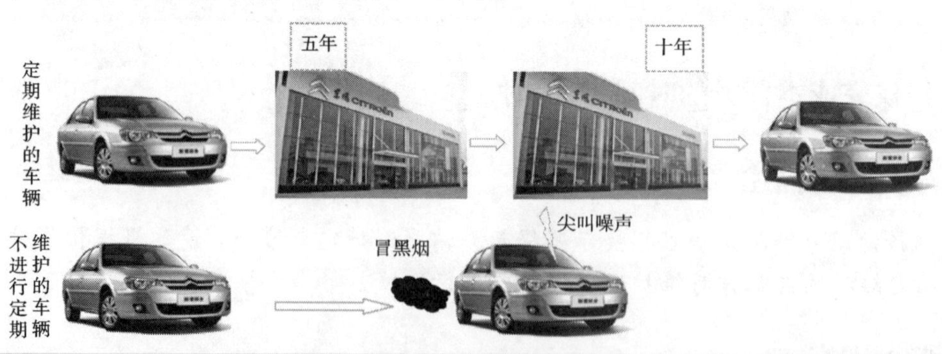

图1-1　汽车维护与否的不同结果

引导问题 3　我国汽车维护制度的依据是什么？

我国现行的汽车维护制度主要依据原交通部2001年公布的《关于修改〈道路运输车辆

维护管理规定〉的决定》（GB／T 18344—2001）。

2006年11月9日至10日，标准负责起草单位交通运输部公路科学研究院在石家庄市组织召开了“汽车维护、检测、诊断技术规范”（GB／T 18344—2001）标准修订工作会议，确定了《汽车维护技术规范》征求意见稿，主要针对（GB／T 18344—2001）存在的问题进行适当修订。

引导问题 4　我国的汽车维护制度是什么?

我国现行的汽车维修制度是：预防为主，定期检测，强制维护，视情修理。

（1）预防为主：保持车容整洁，及时发现和消除故障、隐患，从而防止车辆早期损坏。

（2）定期检测：通过现代化的技术手段，定期对汽车进行检查测量，以正确判断汽车的技术状况，根据车辆的技术状况，确定维护作业内容，从而保证车辆的技术状况和使用性能。二级维护前要进行检测诊断，确定附加作业项目。

（3）强制维护：为了进一步强调维护的重要性，防止追求眼前利益和不重视及时维护所造成的车辆故障，汽车维护必须是定期进行的，基本作业项目为定期维护内容。

（4）视情修理：视情修理经过检测诊断和技术鉴定，确认确实需要进行修理的项目后而执行，其中，二级维护附加作业项目为视情修理内容。

引导问题 5　汽车维护分类是怎样的？作业范围是什么?

汽车维护分为定期维护和非定期维护。定期维护分为日常维护、一级维护和二级维护；非定期维护有季节性维护和走合期维护。各级维护作业范围如下。

（1）日常维护：日常维护是日常作业，由驾驶员负责完成。其主要内容是清洁、补给和安全检视。它是保持车辆正常工作状况的经常性、必需性的工作。坚持“三检”，即出车前、行车中、收车后检视车辆的安全机构及各部分机件连接的紧固情况；保持“四清”，即保持机油滤清器、空气滤清器、燃油滤清器和蓄电池的清洁；防止“四漏”，即防止漏水、漏油、漏气、漏电。

（2）一级维护：一级维护由专业维修厂负责执行。其主要内容除日常维护工作外，以清洁、润滑、紧固为主，并检查有关制动、操纵等安全部件。

（3）二级维护：二级维护由专业维修厂负责执行。其主要内容除一级维护所包括的工作外，以检查和调整转向节、转向摇臂、制动蹄片、悬架等经过一定时间的使用容易磨损或变形的安全部件为主，并拆检轮胎，进行轮胎换位。

（4）季节性维护：由于冬、夏季的温差大，为使车辆在冬、夏季合理使用，在换季之前应结合定期维护，并附加一些相应的项目，使汽车适应气候变化了的运行条件，此种附加性的维护称为季节性维护。

（5）走合期维护：为了保证汽车的使用寿命，汽车在投入运行初期（包括大修车以及新装大修过发动机的汽车）都应进行走合期的磨合，以改善零件摩擦表面几何形状和表

面层物理、力学性能。

引导问题 6　汽车定期维护的周期。

（1）日常维护：出车前、行车中和收车后。

（2）一级维护：周期为2 000～3 000km，或根据车型要求。

（3）二级维护：依据各地条件不同在10 000～15 000km 范围内选定，或者时间间隔为60～90天。车型不一样，则里程、时间的范围也不一样。

现行的维护制度，着重于加强按期执行的日常维护，增加检测性定期维护。即对日常维护和一级维护实行定期强制执行，提高安全、节能、环保与寿命等性能；对二级维护先检测诊断和技术评定，根据结果确定附加作业小修项目，结合二级维护一并进行。

以东风雪铁龙系列轿车为例，其维护周期见表1-1。

东风雪铁龙系列轿车维护周期表　　表1-1

车　型	发动机类型	里程间隔（km）	年　限
富康 爱丽舍	TU3JP/K	10 000	或每年
	TU5JP/K		
	TU5JP4	15 000	或每年
凯旋	EW10A		
C2	TU3AF		
	TU5JP4		
毕加索	TU5JP4		
	EW10J4		

二、实施作业

引导问题 7　维护作业需要哪些工具、设备和材料?

（1）防护五件套（转向盘套、变速杆套、地板垫、座椅套和驻车制动杆套），如图1-2所示。

（2）爱丽舍轿车，如图1-3所示。

（3）爱丽舍轿车维修手册（图1-4）、东风雪铁龙定期维修表单。

图1-2　防护五件套

图1-3　爱丽舍轿车

图1-4　爱丽舍轿车维修手册

引导问题 8 通过查询维修手册，在汽车上寻找相关信息并填空。

利用爱丽舍轿车维修手册的车辆识别图（图1-5），查找如下信息并填写。

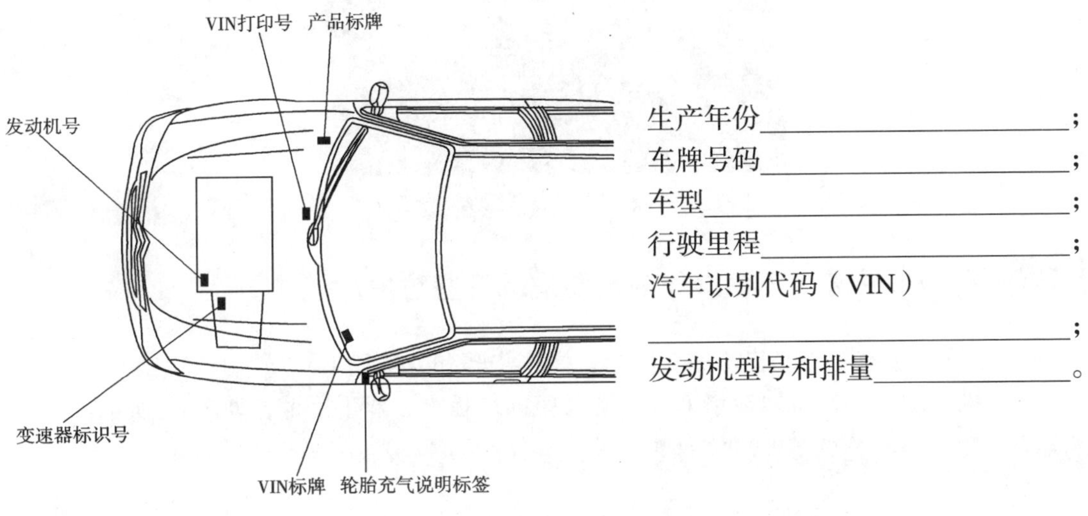

生产年份________________________；
车牌号码________________________；
车型____________________________；
行驶里程________________________；
汽车识别代码（VIN）
________________________________；
发动机型号和排量________________。

图1-5 爱丽舍轿车的车辆识别

引导问题 9 作业前的准备工作有哪些?

（1）汽车进入工位前，将工位清理干净，准备好相关的器材。

（2）将汽车停驻在工位，如图1-6所示。

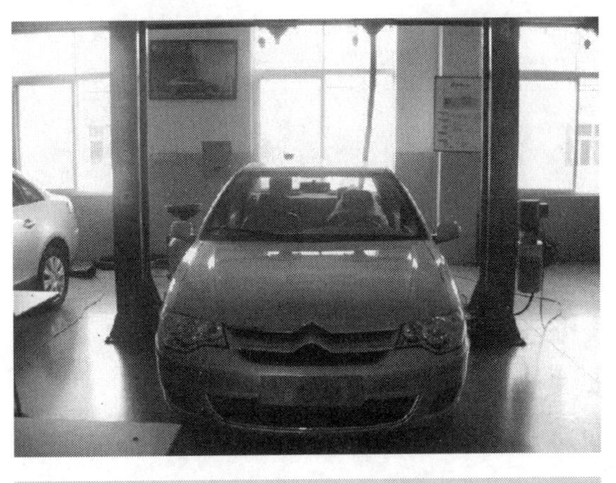

图1-6 汽车停驻在举升机中央

注意：

车辆一定要停放在举升机的中央位置；
车辆的操作需由有驾照的人员进行。

（3）拉紧驻车制动杆，并将变速杆置于驻车挡（P挡）位置（图1-7）。

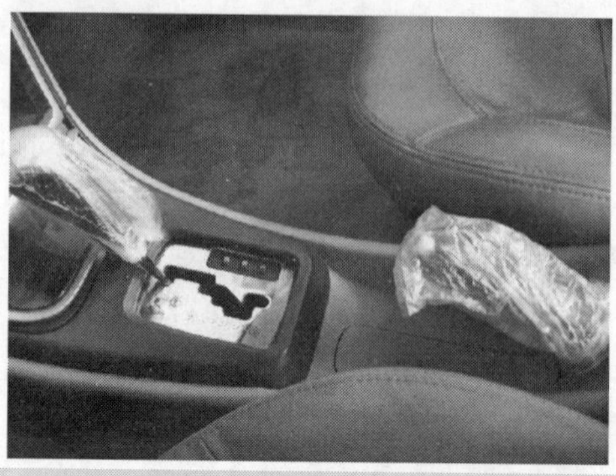

图1-7 拉紧驻车制动杆、变速杆置于驻车挡

引导问题 10 进入车辆操作前需要进行哪些防护？

进入车辆操作前需要安装防护五件套，操作步骤和方法如下。

（1）铺设地板垫，将地板垫铺设在驾驶座前地板上，双手平铺，如图1-8所示。

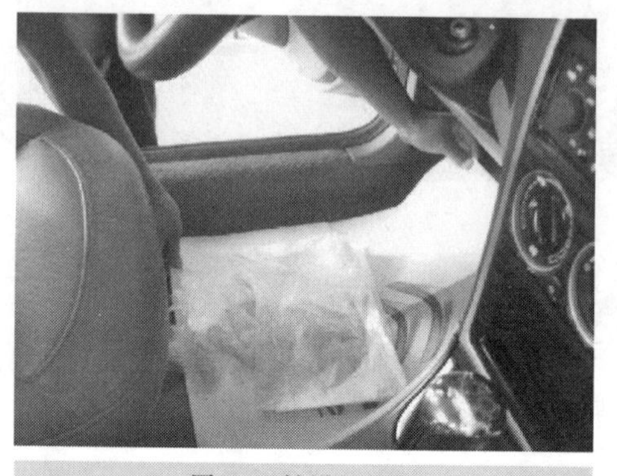

图1-8 铺设地板垫

注意：

地板垫放置要平整，有标示和单位名称的一面应朝上并朝向车辆前方；

在铺设地板垫时，手中的其他物品不允许放在座椅和仪表台上。

（2）安装座椅套。先将座椅套打开，然后找到座椅套的开口，从上往下整齐地套在驾驶座椅上，如图1-9所示。

图1-9 安装座椅套

注意：

座椅套应该把座椅完全包住；

用力不能过猛，防止座椅套破裂。

（3）安装转向盘套。展开转向盘套，先套好转向盘上方，然后由上往下拉，直至套

好转向盘套，如图1-10所示。

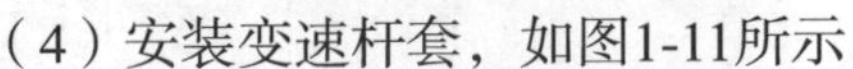
图1-10　安装转向盘套

注意：
双手操作，转向盘套应完全罩住转向盘；
用力不能过猛，防止转向盘套破裂。

（4）安装变速杆套，如图1-11所示。

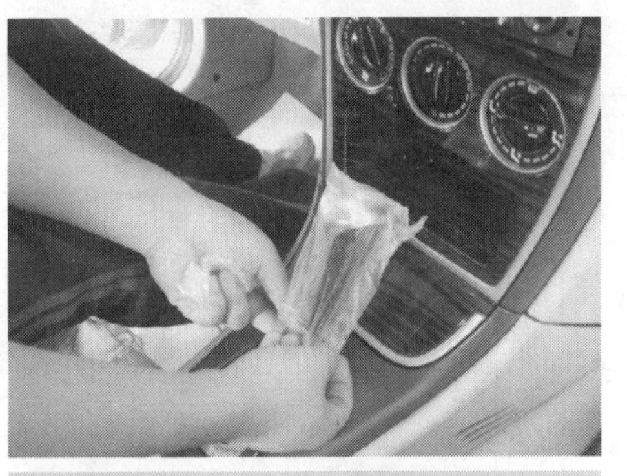

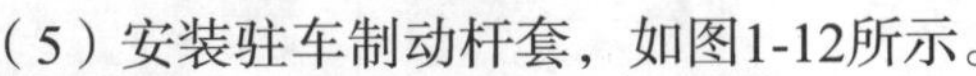
图1-11　安装变速杆套

注意：
双手操作，变速杆套应完全罩住变速杆；
用力不能过猛，防止变速杆套破裂。

（5）安装驻车制动杆套，如图1-12所示。

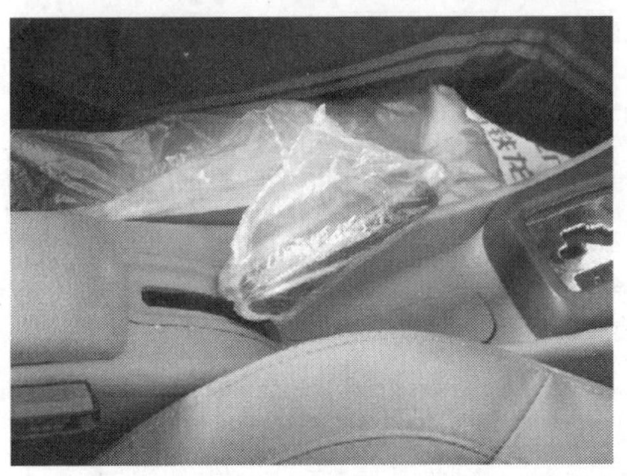

图1-12　安装驻车制动杆套

注意：
双手操作，驻车制动杆套应完全罩住驻车制动杆；
用力不能过猛，防止驻车制动杆套破裂。

引导问题 11　**通过上述获得的信息确定该车需要进行的维护内容。**

根据上述信息，填写东风雪铁龙定期维护表单，见表1-2。

东风雪铁龙定期保维护表

表1-2

CITROËN　　东风雪铁龙

定期维护　所有类型的汽油和双燃料车

□ 2006 1/2年型之后

4CN

□ 维护间隔 10 000km或每1年(TU3JP/K、TU5JP/K)
□ 维护间隔 15 000km或每1年(TU3AF、TU5JP4、EW10J4)，使用5W30机油
□ 维护间隔 15 000km或每1年(EW10A)，使用10W40机油

维护类型：　km　年

标准操作

其他 □　5W30 □　10W40SJ □

	操作	核查
■ 更换：		
— 发动机机油	□	□
— 机油滤清器	□	□
— 空气滤清器滤芯(TU3JP/K、TU5JP/K)	□	□
■ 检查以下液面，必要时添加：		
— 冷却液(包括检查浓度)	□	□
— 风窗玻璃洗涤液	□	□
— 制动液	□	□
— 动力转向液(依车型而定)	□	□
■ 检查，必要时更换		
— 管路系统、发动机和变速器箱壳体的密封和状况	□	□
— 传动轴、球销(包括变速操纵连接杆)和转向齿条防尘套密封和状况	□	□
— 三角臂和连接杆球头的密封及状况	□	□
— 前后减振密封和状况	□	□
— 排气管路和车身底部状况	□	□
— 轮胎磨损状况、压力和力矩	□	□
前 [%] 后 [%] 备胎 [%]		
— 照明灯、信号灯和喇叭	□	□
— 刮水器的状况	□	□
— 蓄电池的状况	□	□
— 前制动片磨损，包括制动盘的检查	□	□
制动片 左 [mm] 右 [mm]		
制动片 左 [mm] 右 [mm]		
— 后制动片磨损、包括制动盘的检查(依车型而定)	□	□
制动片 左 [mm] 右 [mm]		
制动片 左 [mm] 右 [mm]		
■ 清洁		
— 曲轴箱通风管、油气分离器(依车型而定)	□	□
— 进气压力传感器集油罐(依车型而定)	□	□
— 空气滤清器滤芯(依车型而定)	□	□
— 座舱空气过滤器(依车型而定)	□	□
■ 初始化：维护提示器(依车型而定)	□	□
■ 路试	□	□
■ 读取：自诊断内存	□	□

▲ 阶段性一般操作　■ 经常性一般操作

一般操作

每30 000km	操作	核查
▲ 更换：		
— 空气滤清器滤芯(依车型而定)	□	□
— 座舱空气过滤器(依车型而定)	□	□
— 火花塞	□	□
▲ 检查：		
— 气门间隙(依车型而定)	□	□
— 轮毂、球销、拉杆和铰链的间隙	□	□
— 离合器踏板的行程(依车型而定)	□	□
— 附件皮带张力和状况	□	□
— 驻车制动器制动刀	□	□
— 后制动蹄片磨损，包括制动鼓的检查(依车型而定)	□	□
拆下车轮检查 制动蹄 左 [mm] 右 [mm]		
制动蹄 左 [mm] 右 [mm]		

正时皮带

	操作	核查
● 更换：		
◎ 正时皮带	□	□
· 每80 000km或每6年(TU3JP/K、TU5JP/K)		
· 每90 000km或每6年		

根据使用年限

		操作	核查
● 测试：急速和尾气排放	每1年	□	□
● 更换：			
◎ 冷却液	每2年	□	□
◎ 制动液(第1年检查含水率)	每2年	□	□
◎ 预张紧安全带和安全气囊	每10年	□	□

◎ 根据生产商的建议额外增加的操作

专门的操作

	操作	核查
所有车辆		
● 更换：		
◎ 汽油滤清器，每40 000km或45 000km(依车型而定)	□	□
GNG和LPG车型		
● 检查，每5 000km或7 500km(依车型而定)		
— 管路的密封和状况	□	□
— 供气系统各部件松动状况	□	□
● 检查，每15 000km(热机状况下)		
— 急速、λ值、系统工作参数	□	□
● 清洁，每45 000km(依车型而定)		
— 喷嘴	□	□
● 更换，每1年或10万km（出租车)(依车型而定) 每2年或6万km（出租车)(依车型而定)		
— 低压气管组件	□	□

本人确认：
车辆识别号为LDC [　　　　　　　　　　　　　]
的__________(车辆牌照号)车辆进行了维护。
维护操作人员签名：　　　　日期：

车间联

编号:BD-015-01/03/08

引导问题 12 **以爱丽舍轿车为例，说明如何对维护提示器进行初始化**（车型不同方法也不一样）。

（1）关闭点火开关，按下初始化按钮（不要松开按钮），如图1-13所示。

图1-13　按住初始化按钮

注意：

必须先确认点火开关关闭。

（2）将点火开关旋至“M”挡，如图1-14所示。

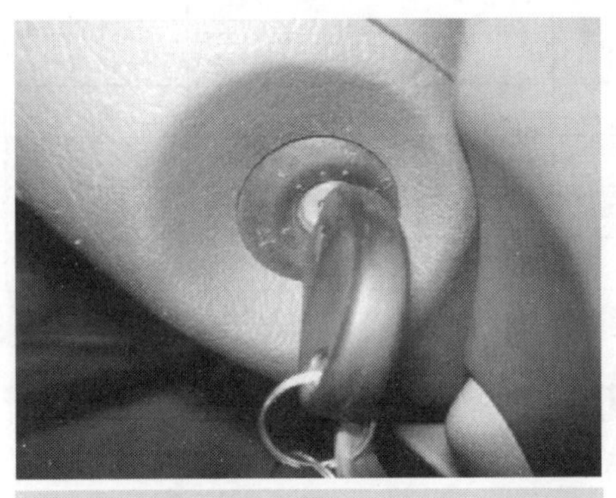
图1-14　旋至“M”挡

注意：

点火开关旋至“M” 挡期间初始化按钮不要松开。

（3）“维护提示显示屏”处出现1<<15<<150<<1 500<<15 000（每秒钟出现一个数字），直至显示15 000，松开初始化按钮；关闭点火开关，如图1-15所示。

图1-15　维护提示器初始化

（4）现场进行“5S”，即整理（Seiri）、整顿（Seiton）、清扫（Seiso）、清洁（Seiketsu）、素养（Shitsuke）。

三、评价与反馈

对本学习任务进行评价，填写表1-3。

评价与反馈表　　表1-3

考核项目	评分标准	分数	学生自评	小组互评	教师评价	小计
团队合作	是否和谐	5				
活动参与	是否积极主动	5				
安全生产	有无安全隐患	10				
现场5S	是否做到	10				
任务方案	是否正确合理	15				
操作过程	正确填写基本信息； 正确填写表单； 会进行维护提示器初始化	30				
任务完成情况	是否圆满完成	5				
工具和设备使用	是否规范标准	10				
劳动纪律	是否严格遵守	5				
工单填写	是否完整规范	5				
总　分		100				
教师签名				得分		

四、学习拓展

1.请你查阅丰田卡罗拉相关技术资料，明确卡罗拉的维护周期是怎样的。

2.雪铁龙凯旋是否也有维护里程提示器，怎样归零？

项目二

了解汽车运行材料

学习任务二

了解汽车运行材料

学习目标

◎**完成本学习任务后，你应当能：**

1.说出汽车运行材料的种类；

2.合理选用汽车运行材料。

建议完成本任务的时间为2课时。

学习任务描述

一客户想了解汽车运行材料及其在选用过程中的注意事项。通过学习，请你为客户做好解释工作。

学习内容

一、资料收集

引导问题1 **汽车运行材料的分类。**

汽车运行材料可分为：汽车燃料、汽车润滑料、汽车特种液料和汽车轮胎。

引导问题2 **汽车燃料有哪些种类？**

汽车燃料是为汽车提供动力的可燃性物质。燃料燃烧时产生热能，通过能量转换装置转换成机械能而驱使汽车行驶。由石油炼制的车用汽油或轻柴油，具有热值高、对金属的腐蚀性小、燃烧后生成的灰粉小、储运方便等优点，是汽车的主要燃料。在一些特殊情况下，汽车也可采用代燃料。常用的代燃料有液化石油气、乙醇、甲醇等液体代燃料，甲醇或苯与汽油按一定比例掺和的混合代燃料等，但代燃料一般不如汽油的热值高，多需在汽车上附加代燃装置。

引导问题3 **我国汽油和柴油的标号有哪些？怎样选择合适的汽油或柴油？**

我国常用的车用汽油分为90号、93号、97号等标号（图2-1），它们是按辛烷值大小来划分的。辛烷值是汽油的重要指标。汽油的标号越高，其辛烷值就越高，汽油的抗爆性就越强。在北京、上海、广州、江苏等省实施第四阶段车用汽油标准，标号由90号、93号、97号变为89号、92号、95号。选用汽油标号的总原则是不使发动机产生爆震。为此，应依据汽车生产厂家规定、发动机压缩比的高低（压缩比为7.0~8.0的汽油机应选用90号汽油；压缩比在8.0以上的汽油机应选用93号或97号汽油）和汽车的使用条件选用汽油。

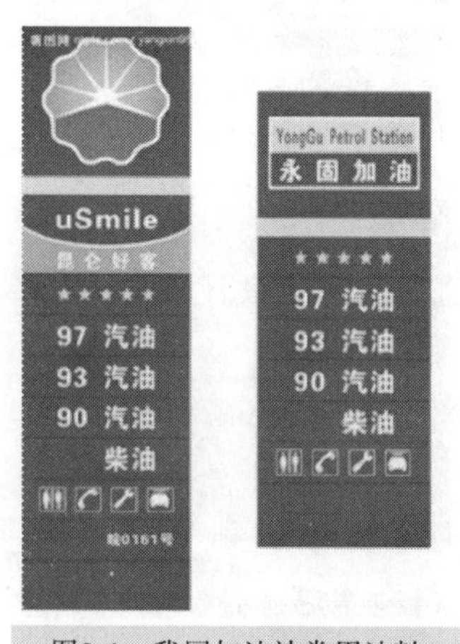

图2-1 我国加油站常用油料

目前，国内汽车用轻柴油按凝固点分为10号柴油、0号柴油、–10号柴油、–20号柴油、–35号柴油和–50号柴油6个标号。

选用柴油标号的总原则是在任何气温下，都要保证柴油的流动供给。根据车辆使用地区和季节的不同，选用适应季节气温的柴油，是选用柴油的基本依据。一般选用柴油的凝点应比最低气温低5℃左右，以保证柴油在最低气温时不至凝固而影响使用。

引导问题4 **汽车润滑料的作用及种类。**

用于汽车各相对运动零件摩擦表面间的润滑介质，具有减小摩擦阻力，保护摩擦表面

的功能，并有密封、吸收和传递摩擦热以及清洗零件的作用。汽车润滑料主要有发动机润滑油（机油）、齿轮油和润滑脂。各种润滑料都有多种规格和不同的使用范围，应按汽车技术规范正确选用和定期更换。

引导问题5 发动机润滑油（机油）是如何分类的？如何合理选用？

我国机油的牌号是按机油的使用性能和黏度等级两种分类方法来划分的，是参照美国石油协会（API）和美国汽车工程师协会（SAE）相应的分类标准来制订的。

目前，我国汽油机机油按API质量分级法分为SC、SD、SE、SF、SG、SH和SL七个质量等级，柴油机机油分为CC、CD、CD-II、CE和CF-4五个质量等级。等级越高，油品品质越好,如图2-2所示。汽油机机油中SD级以上的机油是国产高级车用机油，SL等级最高。汽油机机油和柴油机机油原则上不能相互代用，特别是汽油机机油不能用于柴油机。但是，标有SE/CC字样的机油，则为汽油机、柴油机两用机油，其标号的含义是指该机油用于汽油机时符合SE质量等级，用于柴油机时符合CC质量等级。

目前，我国发动机机油按SAE黏度分类法有0W、5W、10W、15W、20W、25W和10、20、30、40、50、60等级别。标号越大，黏度指标就越高。带有“W”字样的机油是指冬用机油，无“W”字样的机油是指夏用机油，标有15W/40字样的机油是冬、夏通用机油，国外称为复合机油，国内则称为多级机油，如图2-3所示。

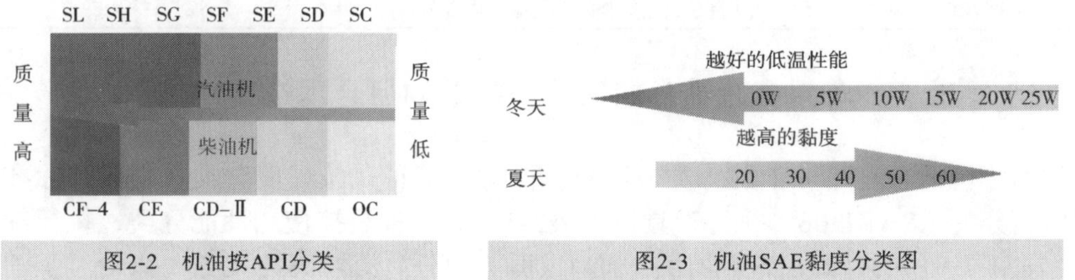

图2-2 机油按API分类

图2-3 机油SAE黏度分类图

机油被看做是发动机的血液，其选用和更换直接影响发动机的使用寿命。发动机种类不同、新旧程度不同、使用条件不同，所选用的机油牌号也不同。机油牌号选用的正确与否，也决定了汽车润滑和补给作业的成败。因此，作为汽车专业维护人员，必须综合考虑机油的黏度等级和质量等级这两大选用依据，掌握好换油时机和所选品牌。汽油机及柴油机质量等级选用情况详见表2-1和表2-2。

汽油机机油质量等级选用参考表 表 2-1

品种代号	特 性 和 使 用 场 合
SC	用于货车、客车或其他汽油机以及要求使用API SC级油的汽油机；可控翻汽油机高低温沉积物及磨损、锈蚀和腐蚀
SD	用于货车、客车和某些轿车的汽油机以及要求使用API SD、SC级油的汽油机；此种油品控制汽油机高、低温沉积物，磨损、锈蚀和腐蚀的性能优于SC，并可代替SC
SE	用于轿车和某些货车的汽油机以及要求使用API SE、SD级油的汽油机；此种油品的抗氧化性能及控制汽油机高温沉积物、锈蚀和腐蚀的性能优于SD或SC，并可代替SD或SC

续上表

品种代号	特性和使用场合
SF	用于轿车和某些货车的汽油机以及要求使用API SF、SE及SC级油的汽油机；此种油品的抗氧化和抗磨损性能优于SE，还具有控制汽油机沉积、锈蚀和腐蚀的性能，并可代替SE、SD或SC
SG	用于轿车、货车和轻型货车的汽油机以及要求使用API SG级油的汽油机，SG质量还包括CC(或CD)的使用性能；此种油品改进了SF级油控制发动机沉积物、磨损和油的氧化性能，并具有抗锈蚀和腐蚀的性能，并可代替SF、SF／CD、SE或SE／CC
SH、SL	用于轿车和轻型货车的汽油机以及要求使用API SH级油的汽油机；SH质量在汽油机磨损、锈蚀、腐蚀及沉淀物的控制和油的氧化方面优于SG，并可代替SG

柴油机机油质量等级选用参考表　　表2-2

品种代号	特性和使用场合
CC	用于在中及重负荷下运行的非增压、低增压或增压式柴油机，并包括一些重负荷汽油机；对于柴油机具有控制高温沉积物和轴瓦腐蚀的性能，对于汽油机具有控制锈蚀、腐蚀和高温沉积物的性能
CD	用于需要高效控制磨损及沉积物或使用包括高硫燃料非增压、低增压及增压式柴油机以及国外要求使用API CD级油的柴油机。具有控制轴承腐蚀和高温沉积物的性能，并可代替CC级油
CD-II	用于要求高效控制磨损和沉积物的重负荷二冲程柴油机以及要求使用API CD-II级油的发动机，同时也满足CD级油性能要求
CE	用于在低速高负荷和高速高负荷条件下运行的低增压和增压式重负荷柴油机以及要求使用APICE级油的发动机，同时也满足CD级油性能要求
CF-4	用于高速四冲程柴油机以及要求使用API CF-4级油的柴油机，在油耗和活塞沉积物控制方面性能优于CE并可代替CE，此种油品特别适用于高速公路行驶的重负荷载货汽车

引导问题6　车用齿轮油是如何分类的？如何合理选用？

目前，国内汽车齿轮油的分类方法也有两种：一种是按黏度分类，其分类标准参照SAE黏度分类（SAEJ306）执行，具体见表2-3；另一种是按使用性能分类，执行标准为GB/T 7631.7—1995《润滑剂和有关产品（L类）的分类第7部分：C组（齿轮）》的附录B，见表2-4。

我国汽车齿轮油的黏度分类表　　表2-3

黏度牌号	达到150Pa·s的最高温度（℃）	100℃时运动黏度（mm^2/s）	
		最低	最高
70W	–55	4.1	—
75W	–40	4.1	—
80W	–26	7.0	—
85W	–12	11.0	—
90	—	13.5	24.0
140	—	24.0	41.0
250	—	41.0	—

我国汽车齿轮油使用级别与API分类对应关系　　表2-4

我国汽车齿轮油	普通车辆齿轮油	中负荷车辆齿轮油	重负荷车辆齿轮油
API分类号	GL-3	GL-4	GL-5

通常按照汽车使用说明书规定选择与该车型相适应的齿轮油的黏度等级及使用标号，还可参照下列原则选用齿轮油。

（1）根据当地季节气温选择齿轮油的黏度级别。

齿轮油的黏度级别有70W、75W、80W、85W、90、140和250号等标号，分别适用于最低气温-55℃、-40℃、-20℃、-12℃、-10℃、10℃和20℃的地区，应对照当地季节最低气温适当选用齿轮油的黏度级别。

（2）根据齿轮类型和工况选择齿轮油的使用性能级别。

对于一般工作条件下的螺旋锥齿轮主减速器（驱动桥）、变速器和转向器等总成，可选用普通车辆齿轮油；对准双曲面圆弧齿轮主减速器，必须根据工作条件选用中负荷车辆齿轮油或重负荷齿轮油。

引导问题 7 润滑脂是如何分类的？怎样选用？

润滑脂是指将稠化剂掺入液体润滑剂中制成的一种稳定的固体或半固体润滑产品。在不宜用液体润滑剂的部位使用润滑脂，可起到润滑抗磨、密封防护等作用。例如，汽车的轮毂轴承、各拉杆球头、传动轴万向节等处，均使用润滑脂润滑。

润滑脂的种类有钙基润滑脂、钠基润滑脂、钙钠基润滑脂、复合钙基润滑脂、通用锂基润滑脂、汽车通用锂基润滑脂、极压锂基润滑脂和石墨钙基润滑脂等。各种润滑脂的特性及适用范围见表2-5。

各种润滑脂的特性及适用范围　　表2-5

品　种	特　性	适　用　范　围
钙基润滑脂	抗水性好，耐热性差，使用寿命短	最高使用温度范围为-10~60℃，适用于汽车轮毂轴承、底盘拉杆球节、水泵轴承、分电器凸轮等部位
钠基润滑脂	耐热性好，抗水性差，有较好的极压减磨性能	使用温度可达120℃，只适用于低速高负荷轴承，不能用在潮湿环境或与水接触部位
钙钠基润滑脂	耐热性、抗水性介于钙基和钠基润滑脂之间	使用温度不高于100℃，不宜在低温下使用，适用于不太潮湿条件下的滚动轴承，如底盘、轮毂等处的轴承
复合钙基润滑脂	较好的机械稳定性和胶体稳定性，耐热性好	适用于较高温度及潮湿条件下润滑大负荷工作的部件，如汽车轮毂轴承等处的润滑，使用温度可达150℃左右
通用锂基润滑脂	具有良好的抗水性、机械稳定性、防锈性和氧化稳定性	适用于-20~120℃宽温度范围内各种机械设备的滚动和滑动轴承及其他摩擦部位的润滑，是一种长寿命通用润滑脂
汽车通用锂基润滑脂	良好的机械稳定性、胶体稳定性、防锈性、氧化稳定性和抗水性	适用于-30~120℃下汽车轮毂轴承、水泵、发电机等各摩擦部位润滑，国产和进口车辆普遍推荐用该润滑脂
极压锂基润滑脂	有极高的极压抗磨性	适用于-20~120℃下高负荷机械设备的齿轮和轴承润滑，部分国产和进口车型推荐使用
石墨钙基润滑脂	具有良好的抗水性和抗碾压性能	适用于重负荷、低转速和粗糙的机械润滑，可用于汽车钢板弹簧、半挂车铰接盘、起重机齿轮转盘等承压部位

选用润滑脂时，其性能指标除了应具备适当的稠度、良好的高低温性能以及抗磨性、抗水性、防锈性、防腐性和稳定性等基本条件外，还应注意以下几点。

（1）尽量使用汽车通用锂基润滑脂。汽车通用锂基润滑脂，外观发亮，呈奶油状，滴点高、使用温度范围广，并具有良好的低温性、抗剪磨性、抗水性、抗腐蚀性和热氧化稳定性等，是目前汽车最常用的一种多效能的润滑脂。

（2）清理润滑部位，保证油脂清洁。通过油嘴加注润滑脂时应特别注意，所用油嘴要擦净，并从油脂枪中先挤出少许润滑脂并抹掉不用；更换油脂时，在涂脂前必须用有机溶剂洗净零部件表面并吹干，然后重新加注润滑脂。在更换润滑脂时，要注意不同种类的润滑脂不能混用，即使是同类的润滑脂也不可新旧混合使用。因为旧润滑脂含有大量的有机酸和机械杂质，将会加速新润滑脂的氧化。所以在换润滑脂时，一定要把旧润滑脂清洗干净，才能加入新润滑脂。

（3）用量适当，不宜过多。轮毂轴承的润滑是汽车上最为重要的润滑作业。更换轮毂轴承润滑脂时，应只在轴承的滚珠或滚柱之间塞满润滑脂，而轮毂内腔采用“空毂润滑”，即在轮毂内腔表面仅涂上薄薄一层润滑脂起到防锈作用即可，这样利于散热，并可降低润滑脂的工作温度，防止润滑脂稀化流淌。不要采用“满毂润滑”，即把润滑脂填满整个轮毂内腔，这样既不科学，又很浪费，甚至在汽车频繁制动和制动时间过长的情况下，可能会因轮毂过热而使润滑脂流淌到制动摩擦片表面而引起打滑，使制动失灵，造成事故。

引导问题 8　汽车特种液料有哪些?

汽车某些机构工作必需的液料，主要有汽车制动液、汽车防冻液、液力变矩器液、动力转向器液、减振器液和电解液等。

（1）汽车制动液：汽车液压制动系统中传递制动压力的液态介质。对汽车制动液的性能要求是：黏温性好，凝固点低，低温流动性好；沸点高，高温下不产生气阻；使用过程中品质变化小，并不引起金属件和橡胶件的腐蚀和变质。

（2）汽车防冻液：冬季气温低，为使汽车在冬季低温下仍能继续使用，发动机冷却液都加入了一些能够降低水冰点的物质作为防冻剂，保持在低温天气时冷却系统不冻结。因此，人们有时把冷却液称作“防冻液”或“不冻液”。防冻液的全称应该叫防冻冷却液，意为有防冻功能的冷却液。

（3）汽车变矩器液：液力变矩器液用于高级轿车和重型载货汽车装用的液力变矩器中，作为传递转矩的介质。变矩器液应具有较好的抗泡性，高温下有较好的抗氧化性,能在-40～170℃范围内工作。

（4）动力转向器液：动力转向器液用于重型载货汽车或客车装用的助力式转向器中，作为传递转向力的介质，常与变矩器液通用。

（5）减振器液：减振器液用于减振器,它应具有良好的黏温性，以减少温度变化对黏度的影响。

（6）电解液：电解液用于铅蓄电池，由蒸溜水和硫酸按一定比例配制而成。气温20℃时，电解液的比重应为1.24~1.28。

特种液料一般按车辆使用说明书的规定选择适当品种，并且不得混合使用。

引导问题 9 汽车轮胎有哪些类型？怎样识别？

轮胎的类型很多，按胎面花纹可分为普通花纹轮胎、混合花纹轮胎和越野花纹轮胎；按汽车维护胎体中的帘线排列不同分为普通斜交胎、带束斜交胎和子午线轮胎；按有无内胎可分为有内胎的轮胎和无内胎的轮胎。

轮胎规格常用一组数字和英文字母表示。例如185/60R14，表示胎宽为185mm，扁平率为60%，轮辋直径为14in，如图2-4所示。中间的字母或符号有特殊含义："X"表示高压胎，"R"、"Z"表示子午胎；"—"表示低压胎。注意：轿车和载货汽车、有内胎和无内胎轮胎的规格表示方法不同。

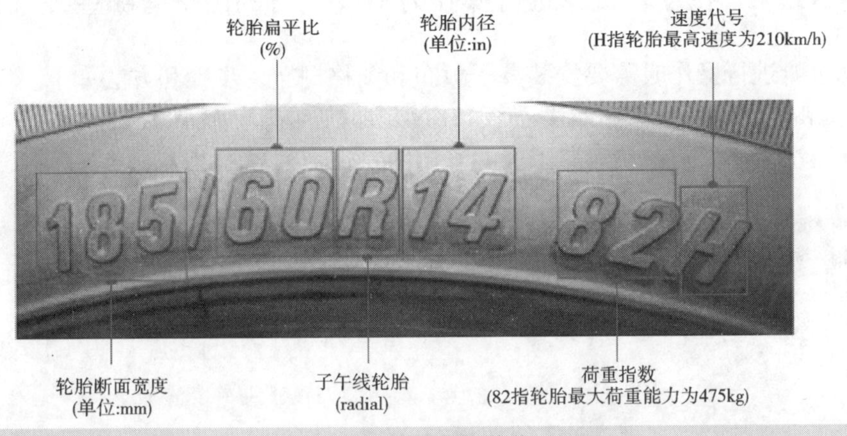

图2-4 轮胎规格说明

二、实施作业

引导问题 10 作业需要哪些工具、设备和材料？

（1）翼子板布和前格栅布，如图2-5所示。

图2-5 翼子板布和前格栅布

（2）爱丽舍轿车。

（3）爱丽舍轿车维修手册。

引导问题11　作业前的准备工作有哪些?

（1）汽车进入工位前，将工位清理干净，准备好相关的器材。

（2）将汽车停驻在工位。

（3）拉紧驻车制动杆，变速杆置于驻车挡。

引导问题12　在发动机舱进行操作时需要进行的防护有哪些?

在发动机舱进行操作时需要安装翼子板布和前格栅布，步骤和方法如下。

（1）安装左侧翼子板布：将翼子板布左端磁铁吸在车辆翼子板最前端,按顺序将翼子板布的所有磁铁全都吸附在左侧翼子板上，如图2-6所示。

图2-6　安装左侧翼子板布

注意：

放置翼子板布以防止作业人员衣物上的硬物或其他物件划伤车身漆面。

翼子板布有分叉形和长方形；翼子板布上有磁铁或挂钩，可以使翼子板布牢固地吸附或挂在车辆上。

（2）安装前格栅布：在车辆前部中间位置，将前格栅布放置在车辆正前方的前格栅上，如图2-7所示。

图2-7　安装前格栅布

注意：

前格栅布起防护作用；

前格栅布放置位置要合理，不能挡住水箱，方便进行检查；

粘贴一定要牢固，防止松脱。

（3）安装右侧翼子板布：将翼子板布右端与车辆的右翼子板的最前端吸住，按顺序将翼子板布的所有磁铁全都吸附在右侧翼子板上，如图2-8所示。

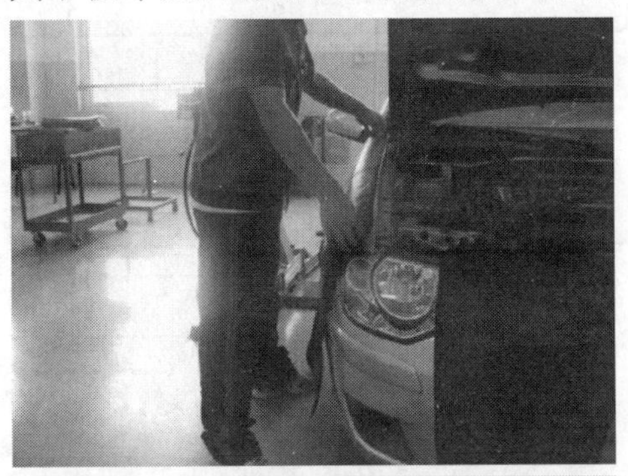

图2-8 安装右侧翼子板布

注意：

在安装翼子板布和前格栅布时，身体不可与车辆接触。

安装必须牢靠，防止掉落；

翼子板布和前格栅布，有字的一面朝外。

引导问题13 **请你结合实车和图2-9指出冷却液、助力转向液、制动液和玻璃清洗液储存罐的位置，并填写在图2-10中，检查液面高度是否合格。**

爱丽舍轿车的冷却液、助力转向液、制动液和玻璃清洗液储存罐，如图2-9所示。找出位置并填写在图2-10中。

a)助力转向液储液罐

b)冷却液储液罐

c)玻璃清洗液储液罐

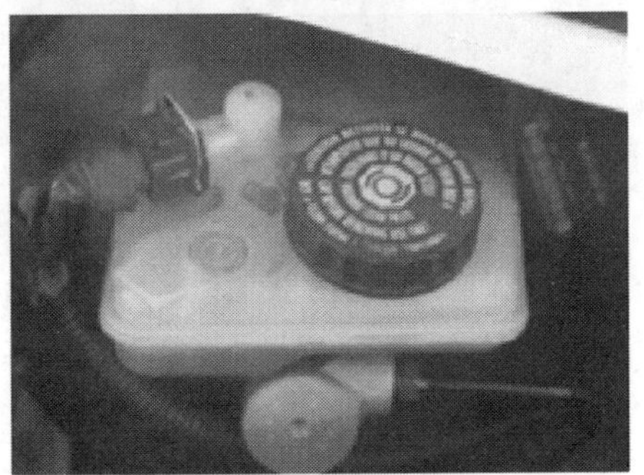

d)制动液储液罐

图2-9 四种发动机特种液料储存罐

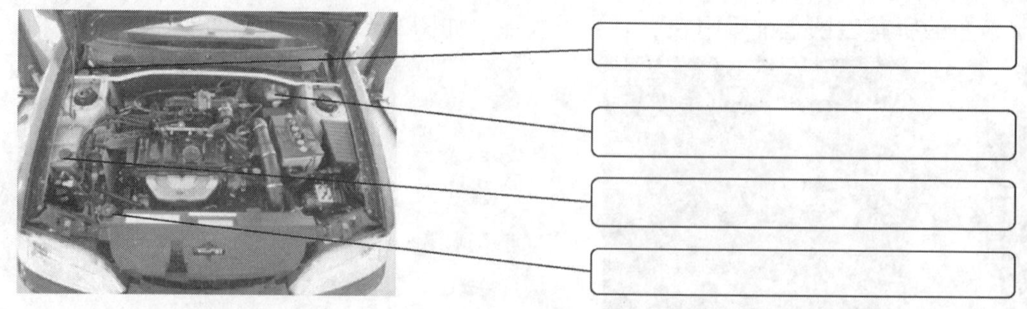

图2-10　发动机舱内部图

（1）冷却液液面高度检查。检查冷却液液面高度应该在冷机时进行。液面高度应该总是位于水室(水箱盖侧)的最低(MINI)和最高(MAXI)（图2-11）的标记之间。冷却液中的防冻剂含量应使其在低温 (标签上标明的温度)时保持液态。冷却液应该同时具有防腐蚀性能和高温稳定性。为了保持冷却液的性能，应每两年更换一次冷却液，在严寒季节开始时进行。更换冷却液应该在服务站进行。

（2）动力转向液液面高度检查。发动机停机时检查液面高度。储液罐液面的高度应在最大(MAXI)标记和最小(MINI)标记（图2-12）之间。任何情况下严禁无油液运行(以防泵损坏)。

（3）制动液液面高度检查。应定期检查液面高度。液面高度应位于危险和最高标记之间，并尽量接近最高标记（图2-13）。如果在汽车行驶期间指示灯亮了，应立即停车检查并向服务站求援。为了保持良好的制动性能，应每两年更换一次制动液。

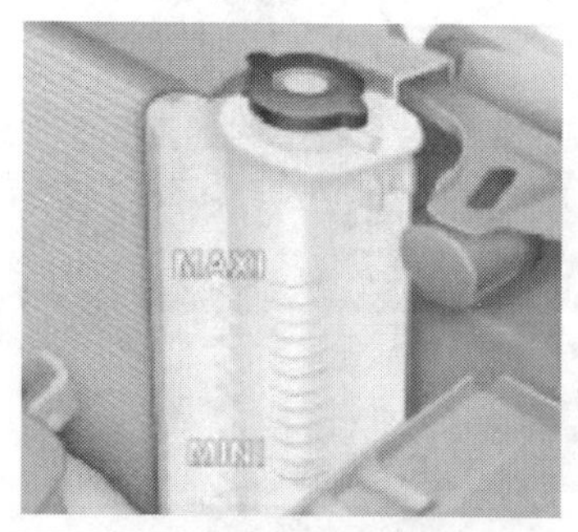

图2-11　冷却液液面

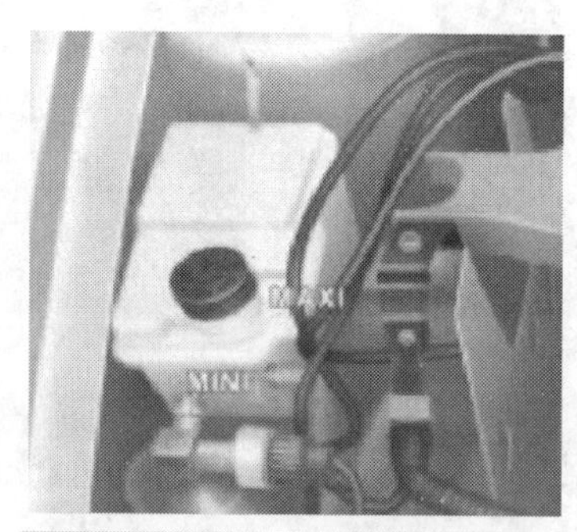

图2-12　动力转向液液面

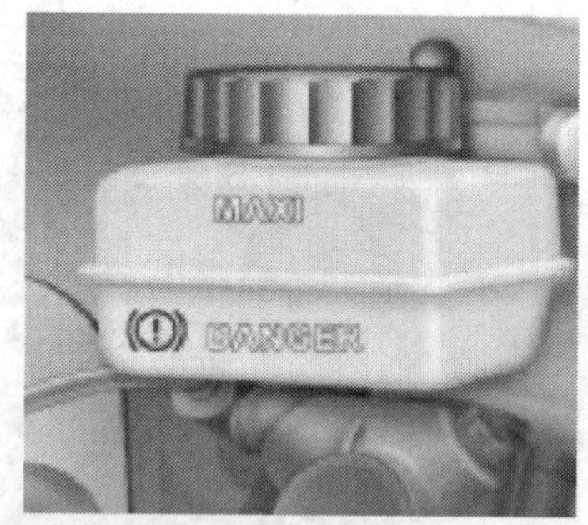

图2-13　制动液液面

引导问题 14　**查阅资料，说明爱丽舍轿车推荐使用的特种液料的型号。**

引导问题 15 结合图2-4中轮胎规格说明，根据爱丽舍前轮的实际规格，填写表2-6。

轮胎规格数据表 表2-6

项目	轮胎半径	扁平率	速度代号	荷重指数	断面宽度	品牌
数据/名称						

三、评价与反馈

对本学习任务进行评价，填写表2-7。

评价与反馈表 表2-7

考核项目	评分标准	分数	学生自评	小组互评	教师评价	小计
团队合作	是否和谐	5				
活动参与	是否积极主动	5				
安全生产	有无安全隐患	10				
现场5S	是否做到	10				
任务方案	是否正确合理	15				
操作过程	能正确填写表格； 会查阅相关资料； 能结合实物识别部件	30				
任务完成情况	是否圆满完成	5				
工具和设备使用	是否规范标准	10				
劳动纪律	是否严格遵守	5				
工单填写	是否完整规范	5				
总分		100				
教师签名				得分		

四、学习拓展

1.查阅资料，请你写出冷却液的种类和选用方法。

2.查阅资料，请你指出自动变速器油和齿轮油有何差别。

项目三

车轮及轮胎的维护

学习任务三

车轮及轮胎状态的检查和车轮的换位

学习目标

◎完成本学习任务后，你应当能：

1.知道车轮及轮胎状态检查的目的和内容；

2.熟练进行车轮、轮胎状态检查；

3.理解车轮换位的必要性及要求；

4.熟练进行车轮换位操作。

建议完成本任务的时间为2课时。

学习任务描述

一辆新爱丽舍轿车前轮出现不均匀磨损，是车轮的问题，要求对其车轮进行检查和维护。该车行驶里程为19 000km。

学习内容

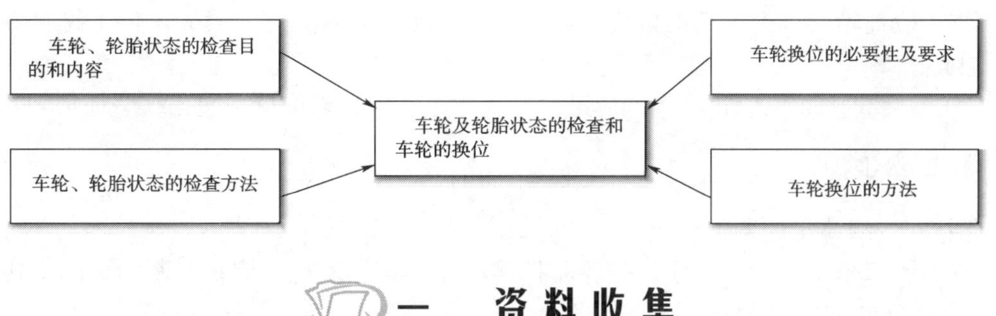

一、资料收集

引导问题 1 车轮维护的目的是什么?

在车辆使用中，必须定期对车轮与轮胎实施维护，其目的是为延长其使用寿命，使车轮与轮胎性能保持或恢复至尽可能好的状况，防止小问题将来变成大问题，并且确保行车安全。

适时进行轮胎压力检测和轮胎磨耗检查，可以提高转向盘的操纵性及安全性；正确地实施轮胎气压管理以提高磨耗性能和节省燃料；检查轮辋是否变形或定位是否正常可防止轮胎偏磨耗发生；车轮不平衡会导致轮胎上下或左右振动而影响舒适性，调整轮辋配重可提高均衡性；适当调整轮胎与轮辋的组合位置，会让车辆振动、噪声等问题减少。

引导问题 2 车轮维护的内容有哪些?

车轮维护分为日常维护、一级维护、二级维护。

1 日常维护

日常维护主要分为：出车前检视、行驶中检视、收车后检视,主要进行轮胎气压监测、轮胎花纹中夹杂物清除、检查连接件是否松动和部件是否干涉等。

2 一级维护

（1）紧固轮胎螺母，检查气门嘴是否漏气，气门帽是否齐全。如发现损坏或缺少应立即修理或补齐。

（2）挖出轮胎花纹中的石子、杂物，如有较深伤洞应用生胶填塞。特别是子午线轮胎，刺伤后若不及时修补，水汽进入胎体锈蚀钢丝帘线，会造成轮胎早期损坏。

（3）检查胎面有无气包、损伤、老化现象，胎面花纹深度与轮胎磨损极限标记应不小于1.6mm。如有不正常磨损或起鼓、变形等现象，应查找原因，予以排除。

（4）如需检查外胎内部，应拆卸解体，如有损伤应及时修补。

（5）检查轮胎搭配和轮轴、挡圈、锁圈是否正常，检查轮毂轴承间隙有无明显松旷。

（6）检查轮胎(包括备胎，备胎气压通常比正常胎压高10%)气压，并按标准补足。

（7）检查轮胎有无与其他机件刮碰现象，备胎架是否完好、紧固。如不符合要求，应予排除。

（8）必要时(如单边偏磨严重)应进行一次轮胎换位，以保持胎面花纹磨耗均匀。

3 二级维护

除执行一级维护的各项作业外，还应：

（1）拆卸车轮与轮胎总成，按轮胎标推测胎面花纹磨耗、周长及断面宽的变化，作为换位和搭配的依据。

（2）轮胎解体检查项目：

①胎冠、胎肩、胎侧及胎内有无内伤、脱层、起鼓和变形等现象。

②内胎、垫带有无异物咬伤、折皱现象，气门嘴、气门芯是否完好。

③轮辋、挡圈和锁圈有无变形、锈蚀，并视情涂漆。

④轮辋螺栓孔有无过度磨损或损裂现象。

（3）排除解体检查所发现的故障后，进行装合和充气。

（4）高速车应进行轮胎的动平衡检测与调整。

（5）按规定进行轮胎换位。

（6）发现轮胎有不正常的磨损或损坏，应查明原因，予以排除。

（7）检查车轮定位参数是否符合原厂说明书规定。如不符合要求，予以排除。

引导问题 3　轮胎常见的磨损形式和原因是什么?

轮胎常见的磨损形式和主要原因见表3-1。

轮胎常见的磨损形式和主要原因表　　表3-1

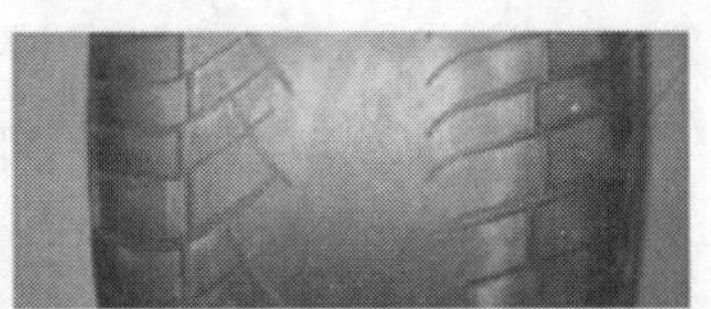 特征:轮胎胎冠过度磨损 原因:气压过高引起偏磨	 特征:轮胎胎冠局部过度磨损 原因:紧急制动造成轮胎抱死
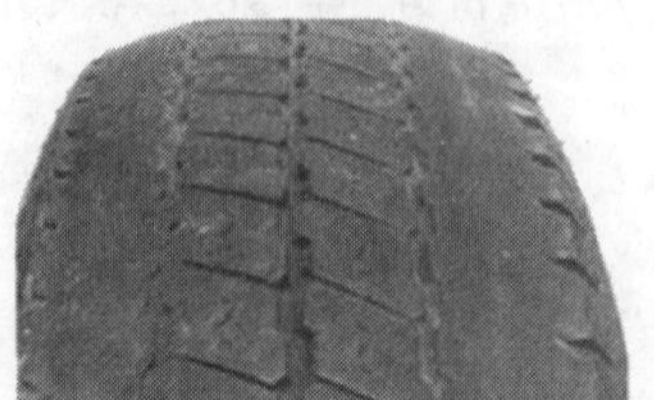 特征:轮胎两胎肩过度磨损 原因：气压不足引起偏磨	 特征：胎冠部位单边磨损过快 原因：车轮前束或外倾角不正确

续上表

 特征:胎冠呈波浪、锯齿或羽毛状磨损 原因:车辆机件松旷,前后轴不平行等	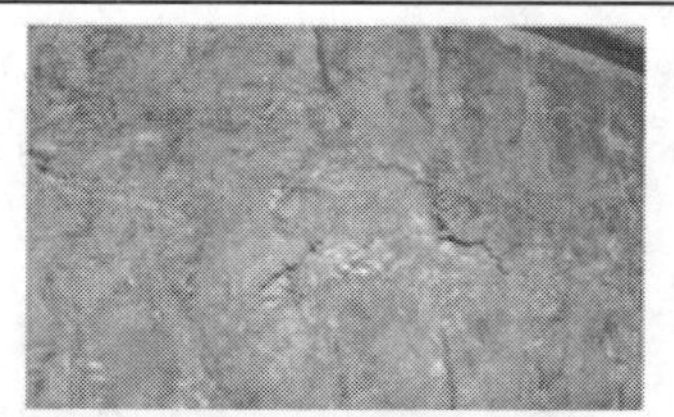 特征:胎冠胶局部掉块脱落 原因:车辆行驶于碎石路面，频繁起动及制动导致胎面胶被啃掉

引导问题 4 轮胎的磨损是怎样产生的?

车轮的磨损主要是由于车轮与路面接触时，其状况的不同而产生。车轮通过悬架系统安装在汽车上，形成了一定的几何关系，称之为车轮定位。其车轮外倾和车轮前束确定了车轮与路面的接触状况。汽车使用后，定位参数的改变、轮胎气压的不合适，都会使轮胎两侧的磨损情况不同。同时，现代轿车大多采用发动机前置、前轮驱动的布置形式，这种布置加大了前轴的载荷比例，兼之前轮为转向轮，其转向和自动回正时都会产生较大的横向摩擦力，使得前轮轮胎的磨损比后轮的磨损严重。

引导问题 5 轮胎的胎压及花纹深度有何要求?

一般来说，每种车型对胎压的要求是不一样的，即使是同一台车的前后轴车轮的胎压要求也不一样，常见汽车的轮胎气压如表3-2所示。标准胎压可以在用户手册或驾驶室车门的纵梁标示上查询，胎压偏高、偏低都会造成轮胎的异常磨损，降低轮胎的使用寿命。

常见汽车的轮胎气压（单位：kPa） 表3-2

车　　型	前 轮 胎 压	后 轮 胎 压
爱丽舍轿车	250	240
卡罗拉轿车	220	220
桑塔纳轿车	230	250

轮胎花纹深度是指花纹最表面至花纹沟底的距离。在花纹的纵贯沟内有轮胎“磨耗标记”，如图3-1所示。

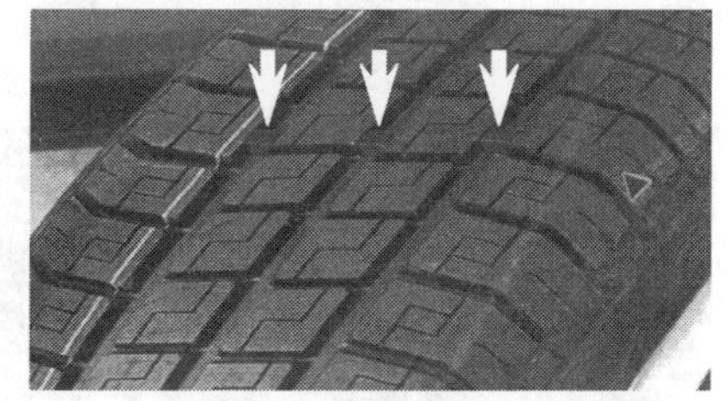
图3-1 轮胎磨耗标记

轿车车轮轮胎当磨耗到胎面花纹沟深仅剩1.6mm时，就必须更换。这时纵贯胎面的“磨耗标记”胶条便会明显显露出来，表示应该马上更换轮胎。否则，行驶时轻则轮胎会出现打滑现象，延长制动距离；严重时，当轮胎在湿滑路面上行驶，易产生“浮滑现象”，造成转向及制动失灵，引发安全事故，同时也易引发爆胎事故。

引导问题 6 怎样对轮胎进行换位?

汽车在行驶过程中，前后轮的载荷、受力及功能不同，致使汽车轮胎的磨损不同。为

保持同一台车的轮胎磨损均匀，延长轮胎的使用寿命，并使各轮胎寿命趋于一致，轮胎应定期换位。爱丽舍轿车轮胎每行驶 15 000~ 20 000km 应进行换位。轮胎换位根据轮胎的不同特点采用不同的换位方法。轮胎换位的方式较多，这里只介绍如图3-2所示的换位方式。东风雪铁龙爱丽舍轿车按前轮驱动车的方式进行轮胎换位。

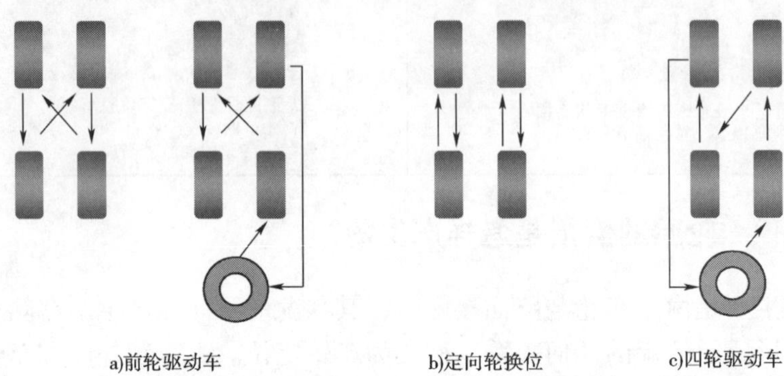

a)前轮驱动车　　b)定向轮换位　　c)四轮驱动车

图3-2　几种轮胎的换位方法

引导问题 7　汽车维修企业常用举升机的种类有哪些?

目前，汽车维修企业有四种类型的举升机：剪式举升机、双柱举升机、四柱举升机、子母剪式举升机。不同类型的举升机具有不同的使用方法、举升功能和支承方法。

二、实施作业

引导问题 8　作业时需要哪些工具、材料和设备?

（1）套筒（19mm）、数字式扭力扳手、短接杆、气动冲击扳手、胎压表、轮胎花纹深度尺、气源和干净抹布等，部分工具如图3-3所示。

（2）双柱举升机，如图3-4所示。

（3）爱丽舍轿车维修手册。

a)气动冲击扳手

b)轮胎花纹深度尺

图3-3　工具

图3-4　双柱举升机

引导问题 9 作业前的准备工作有哪些？

（1）汽车进入工位前，将工位清理干净，准备好相关的器材。

（2）将汽车停驻在举升机中央位置，如图3-5所示。

（3）安装防护五件套，拉紧驻车制动器，如图3-6所示。

图3-5　车辆停驻在举升机中央

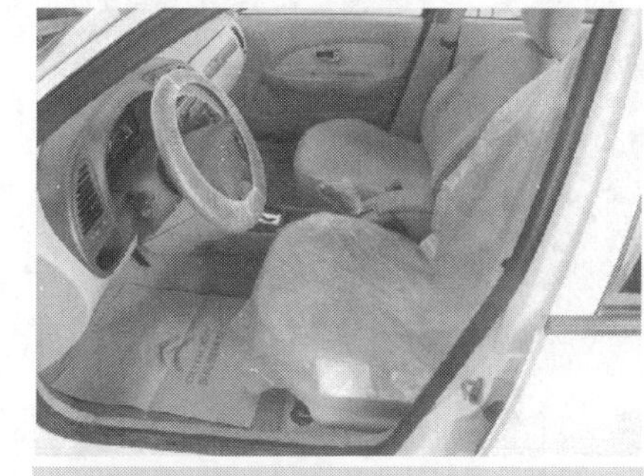

图3-6　安装好防护五件套

引导问题 10 如何正确操作举升机（以双柱举升机为例）？

（1）安装举升机支撑臂至车身举升处，如图3-7所示。

图3-7　安装举升机支撑臂至车身举升处

注意：

举升机举升臂可以伸缩，使举升垫块的卡槽对准车辆举升点；

四个支撑点必须每个都调整好，保持支撑点在一个水平面上。

（2）确定支撑安全后举升汽车（一人观察确认，另一人操纵举升机），如图3-8所示。

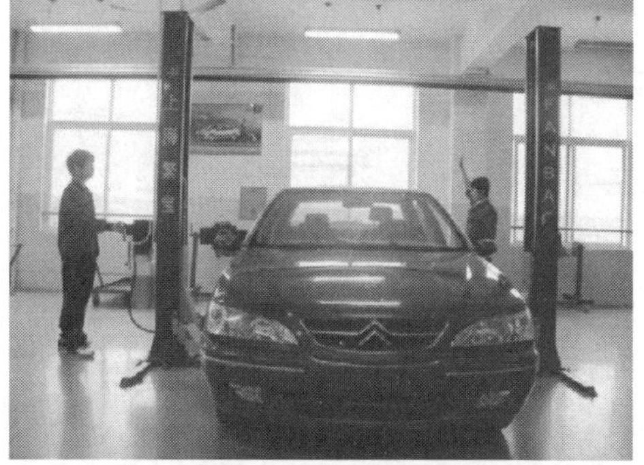

图3-8　确定支撑安全

注意：

操作举升机的同学在操作前要发出“请注意，操作举升机”的举升信号。

另一同学观察车辆四周是否有影响举升安全的物体和人。安全的情况下报告：“举升机周围无障碍物，可以操作。”

（3）将汽车举升少许，检查支撑是否可靠，如图3-9所示。

图3-9　检查支撑是否可靠

注意：

两个同学站在车辆两边推动车辆确认车辆支撑安全。

（4）将汽车举升至合适高度，打开油缸阀门，使举升机保险锁止可靠，如图3-10所示。

图3-10　举升机保险锁止可靠

注意：

在操作前，两位同学需确认操作安全，操作同学发出举升信号，在另一同学确认安全的情况下，举升车辆；

举升至合适高度后，需要将举升机锁止。

（5）将汽车举升少许，如图3-11所示。

图3-11　汽车举升少许

注意：

在操作前，两位同学需确认操作安全，操作同学发出举升信号，在另一同学确认安全的情况下，操作举升机。

（6）解除举升机保险，如图3-12 所示。

图3-12 解除举升机保险

注意：

两位同学分别解开举升机锁止装置（拉开拉索）。

（7）打开油缸阀门，使汽车降落，如图3-13 所示。

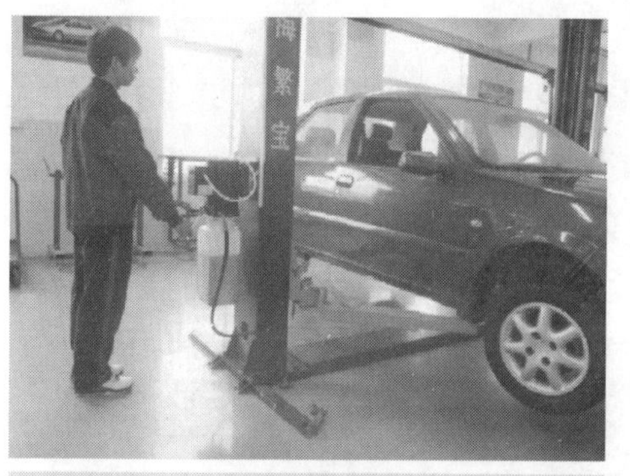
图3-13 汽车降落

注意：

在操作前，两位同学需确认操作安全，操作同学发出举升信号，在另一同学确认安全的情况下，操作举升机；

操作举升机的同学需要注意车辆下降的情况，以防锁止装置没有解开导致车辆倾斜发生危险。

（8）整理举升机举升臂归位，如图3-14所示。

图3-14 整理举升臂

注意：

车辆降下后，整理举升机举升臂，以便车辆离开举升位置。

引导问题 11 如何对车轮进行换位和检查?

爱丽舍轿车按前轮驱动车的方式进行互换，如图3-15所示。

汽车维护

图3-15　爱丽舍轿车轮胎换位方式

爱丽舍轿车轮胎换位作业步骤（两人合作完成）：

（1）预松轮胎螺栓。车辆未举升时，扭力扳手调整至最大扭力进行预松或用指针式扭力杆预松，如图3-16所示。

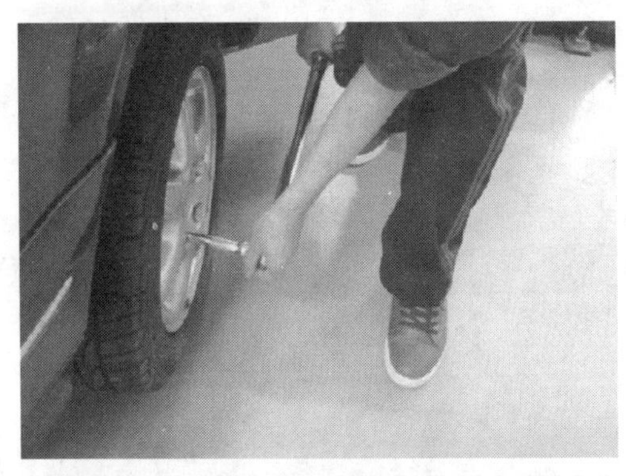

图3-16　预松轮胎螺栓

注意：

只需把螺栓拧松即可。

（2）将车辆举升至合适高度，如图3-17所示。

图3-17　将车辆举升至合适高度

注意：

举升车辆的时候要注意安全，严格按照举升机操作规范进行操作。

（3）将气动冲击扳手与气管连接，调整旋向至逆时针方向，如图3-18所示。

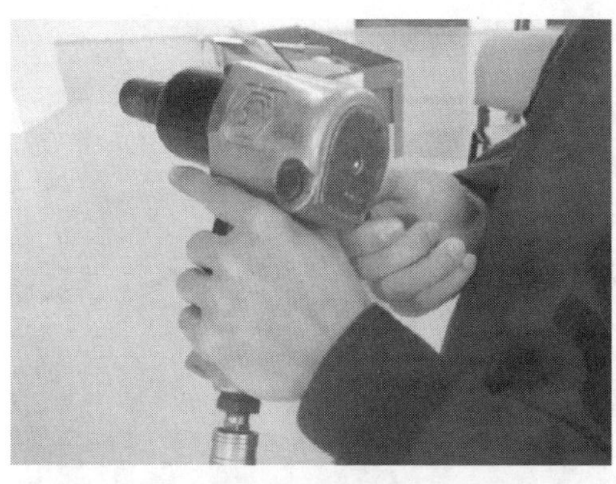

图3-18　气动冲击扳手与气管连接

注意：

将气动冲击扳手的气流速度调至最大；

操作前必须确认气动冲击扳手旋向为逆时针方向。

（4）两人合作，拆卸轮胎，如图3-19所示。

图3-19　两人合作，拆卸轮胎

注意：

扶轮胎时，应该左手在上，右手在下；

操作气动冲击扳手的同学不允许戴手套；

在拧下最后一颗螺栓时，注意安全，防止轮胎坠落。

（5）将左前轮移至左后（图3-20），将左后轮移至右前，将右前轮移至右后，将右后轮移至左前。

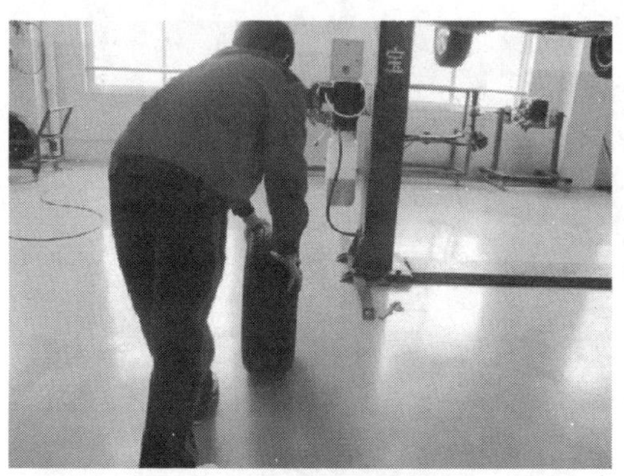

图3-20　左前轮移至左后

注意：

在滚动轮胎时注意安全，以防受伤。

（6）调整气动冲击扳手至顺时针方向并将气流速度调到最小，如图3-21所示。

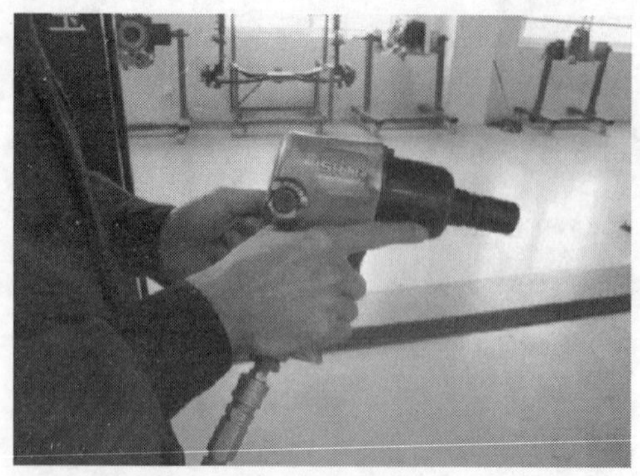

图3-21　调整气动冲击扳手至顺时针方向

注意：

一定要将气流速度调到最小并使气动冲击扳手在顺时针方向。

（7）安装轮胎，如图3-22所示。

图3-22　安装轮胎

注意：

轮胎螺栓应按交叉对角方式拧紧；

在使用气动冲击扳手前，需要用手把螺栓旋进螺栓孔，确认气动冲击扳手为顺时针方向和风速最小；

操作时，操作气动冲击扳手的同学不能戴手套。

（8）降落汽车至地面，如图3-23所示。

图3-23　汽车降落

注意：

降落车辆时，需要严格遵守举升机操作规范。

（9）调整可调式扭力扳手至90N·m，如图3-24所示。

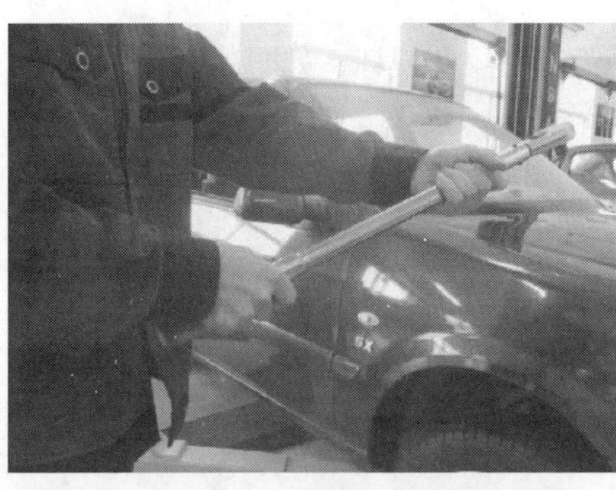

图3-24 可调式扭力扳手至90N·m

注意：

数字式扭力扳手调整前要解锁，调好后要锁止。

（10）按交叉方式紧固轮胎螺栓，如图3-25所示。

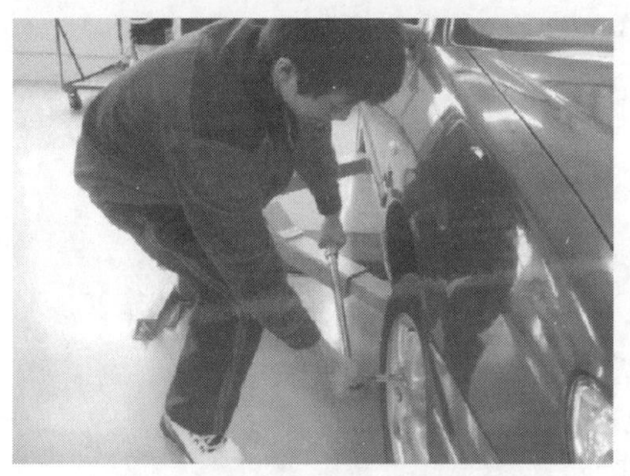

图3-25 紧固轮胎螺栓

注意：

拧紧螺栓时，用拉力，不能用推力或冲力拧紧，以防损坏扭力扳手。

（11）整理举升机举升臂归位，如图3-26所示。

图3-26 举升机举升臂归位

引导问题 12　如何对轮胎进行检查？

（1）把轮胎放置在轮胎架上，检查轮胎胎面是否有裂纹和损坏，如图3-27所示。

图3-27　检查轮胎胎面

注意：

慢慢转动轮胎一圈以上，检查胎面是否有裂纹和损坏。

（2）检查并清除金属颗粒和其他异物，如图3-28所示。

图3-28　取出轮胎异物

注意：

慢慢转动轮胎一圈以上，检查轮胎是否有金属颗粒物和异物嵌入，如果有可以用螺丝刀取出。

（3）检查轮胎是否异常磨损，如图3-29所示。

图3-29　检查轮胎磨损

注意：

慢慢转动轮胎一圈以上，检查轮胎磨损是否均匀。

（4）检查钢圈是否损坏和腐蚀，如图3-30所示。

图3-30　检查钢圈状况

注意：

慢慢转动轮胎一圈以上，检查钢圈内侧和外侧是否损坏、腐蚀或变形。

（5）检查轮胎平衡块是否松脱或掉落，如图3-31所示。

图3-31　检查平衡块是否松脱或掉落

注意：

慢慢转动轮胎一圈以上，检查轮胎平衡块是否有松脱或掉落的情况。如果发生松脱或掉落，必须重新进行车轮动平衡检测与调整。

（6）测量轮胎面沟槽深度。

①从工具车上拿出轮胎花纹深度计，进行校零，如图3-32所示。

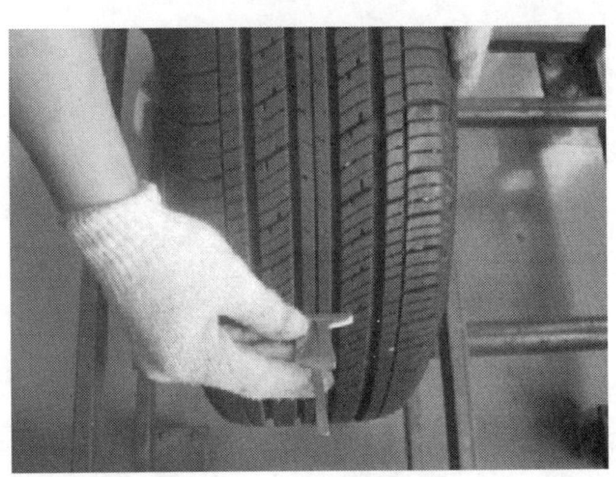

图3-32　花纹深度尺校零

注意：

如果花纹深度尺有误差，测量后减去误差值。

②用花纹深度尺测量轮胎花纹深度，如图3-33所示。

图3-33　测量轮胎花纹深度

注意：

在轮胎花纹上找到一道槽进行测量，然后转动120°进行第二次测量，再转动120°进行第三次测量。

③检查完成后，清洁花纹深度尺，放置到工具车内，如图3-34所示。

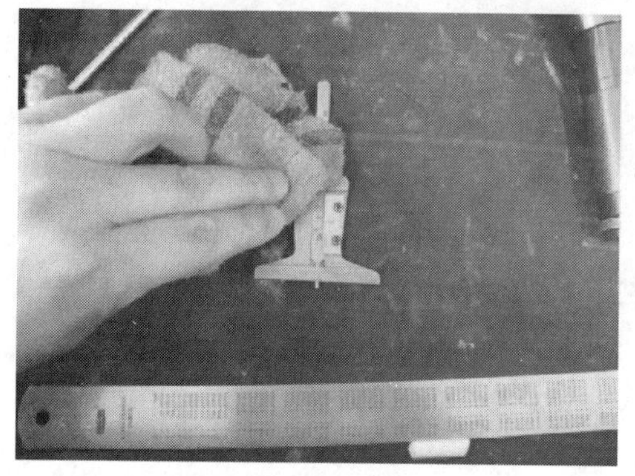

图3-34　清洁花纹深度尺

注意：

轮胎花纹深度标准值为 8.0mm ± 0.3mm，最小剩余深度1.6mm。

（7）检查气门嘴，如图3-35所示。

图3-35　检查气门嘴

注意：

检查气门嘴位置是否居中，有无裂纹、破损。

（8）现场5S清洁车轮，如图3-36所示。

图3-36 清洁车轮

注意：

凡是作业过程中接触过的地方均需进行清洁，地面必须清洁；

废弃物需分类丢入垃圾桶。

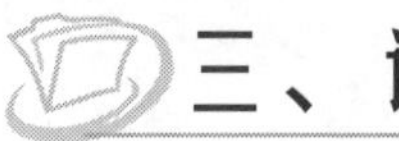

三、评价与反馈

对本学习任务进行评价，填写表3-3。

评价与反馈表 表3-3

考核项目	评分标准	分数	学生自评	小组互评	教师评价	小计
团队合作	是否和谐	5				
活动参与	是否积极主动	5				
安全生产	有无安全隐患	10				
现场5S	是否做到	10				
任务方案	是否合理	15				
操作过程	举升机的操作； 车轮的检查； 轮胎的换位	30				
任务完成情况	是否圆满完成	5				
操作过程	是否标准规范	10				
劳动纪律	是否严格遵守	5				
工单填写	是否完整、规范	5				
总　分		100				
教师签名				得分		

四、学习拓展

1.查阅资料，说明卡罗拉轿车、桑塔纳轿车的轮胎换位周期分别是多长时间。

2.对于轮胎出现胎体漏气的情况，如何处理?

学习任务四

车轮动平衡的检测与调整

学习目标

◎完成本学习任务后，你应当能：

1.理解车轮静、动平衡的概念；

2.说明车轮动平衡对汽车性能的影响；

3.正确使用动平衡机对车轮进行动平衡的检测和调整；

4.根据任务自主地学习相关的知识及查阅相关的资料。

建议完成本任务的时间为2课时。

学习任务描述

一辆新爱丽舍轿车在高速行驶时出现振抖现象，行驶里程为24 500km，接待人员在做维修前预检工作时，发现右前车轮上的一个平衡块脱落。请你针对这一现象对该车进行检测。

学习内容

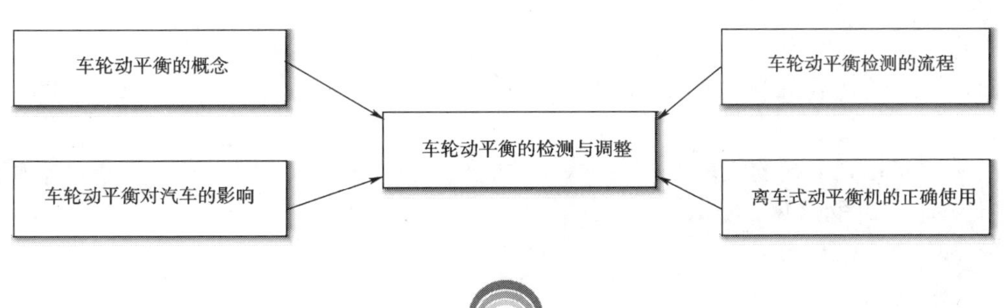

一、资料收集

引导问题 1　车轮静不平衡的实质是什么？如何检测？

车轮静不平衡的实质就是车轮的质心和车轮旋转中心不重合（车轮旋转中心：物体围绕转动的中心；质心：物质系统上被认为质量集中于此的一个假想点），在旋转时产生离心力(图4-1），这个离心力使车轮在高速旋转时在垂直方向上下跳动，水平方向车轮绕主销来回摆动。在确保安全的前提下，支起轮轴，调整好轮毂轴承松紧度，用手轻轻转动车轮，使其自然停转。重复上述试验，若车轮始终停在某一个点，则车轮静不平衡，如图4-2 a）所示；若每次停止的位置不一样，则车轮静平衡，如图4-2 b）所示。

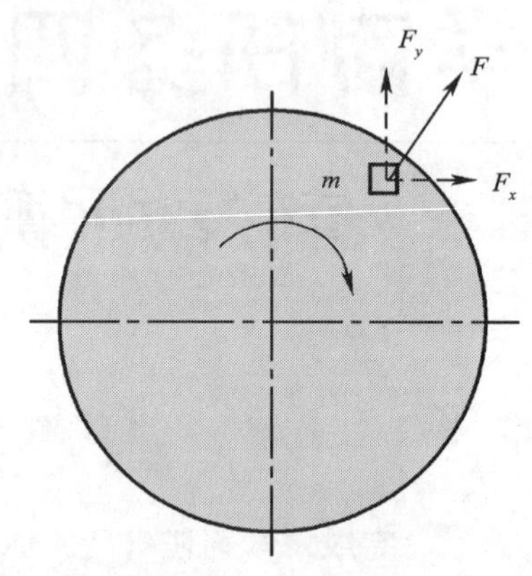

图4-1　车轮静不平衡产生的离心力

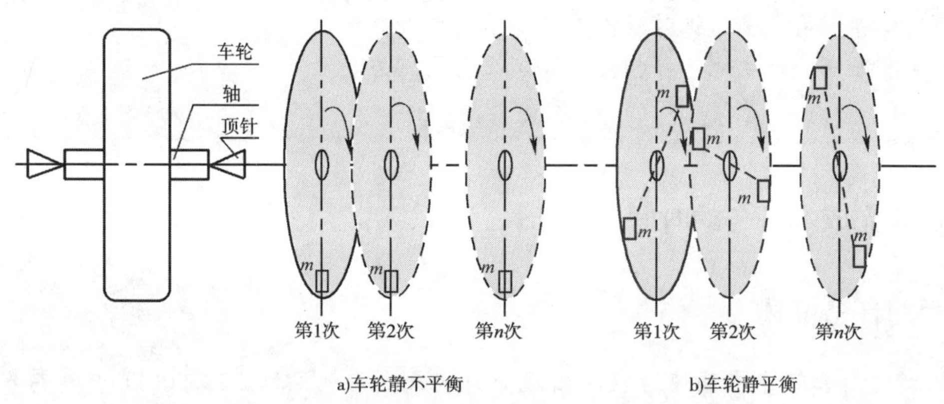

图4-2　车轮静平衡检测示意图

引导问题 2　车轮动不平衡的实质是什么？

车轮的质量分布相对车轮纵向中心面不对称，使得即使是静平衡的车轮，也可能动不平衡，其实质为车轮旋转时质心的离心力作用点不重合，产生了合力矩，如图4-3a）所示。

在m_1和m_2相同半径的相反方向上配置相同质量的m_1' 和m_2' ，则车轮处于动平衡中，合力矩为零，如图4-3 b）所示。

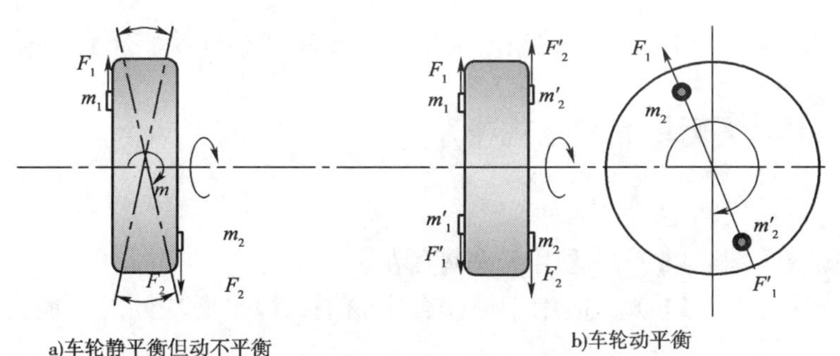

图4-3　车轮动平衡示意图

引导问题 3　车轮静平衡和动平衡有何关系?

动平衡的车轮一定静平衡，静平衡的车轮不一定动平衡。

引导问题 4　车轮动不平衡的危害主要表现在哪些方面?

车轮动不平衡时，不平衡力的水平和垂直分力的大小和方向都在不断地变化。垂直分力使车辆产生振动和噪声，影响乘坐舒适性，使驾驶员容易疲劳，容易困倦而发生交通事故；对于转向轮，水平分力的大小和方向的变化，使其对主销中心产生的力矩和方向也随之变化，引起转向轮摆振，影响汽车的操纵稳定性、直线行驶性和行驶安全性，加剧轮胎和转向系统机件的磨损，缩短其使用寿命。

引导问题 5　车轮动不平衡的原因主要有哪些?

引起车轮动不平衡的原因主要有以下几种情况：

（1）车轮定位不当，尤其是前束和车轮外倾角；

（2）轮胎和轮辋—级挡圈等几何形状失准或密度不均匀而造成先天的质心偏离；

（3）轮毂和轮辋定位误差使安装中心与旋转中心不重合；

（4）维修过程的拆装改变了整体综合质心，破坏了原有的良好平衡状态；

（5）轮辋直径过小，运行中轮胎相对于轮辋在圆周方面滑移， 从而发生波状不均匀磨损；

（6）车轮碰撞造成变形引起的质心位移；

（7）轮胎翻新中因定位精度不高而造成新胎冠厚度不均匀而使质心改变；

（8）高速行驶中制动抱死而引起的纵向和横向滑移，造成局部的不均匀磨损。

引导问题 6　怎样消除车轮动不平衡?

为了消除车轮动不平衡，车轮在安装之前必须经过专用设备——车轮动平衡机进行动

平衡测试，在车轮质量偏小处增加适当的配重，使车轮在高速旋转下保持动平衡。

引导问题 7　平衡块有哪些规格?

平衡块分为卡夹式和粘贴式两种。

卡夹式平衡块（图4-4 a），适用于轮辋有卷边的车轮；

粘贴式平衡块（图4-4 b），适用于铝镁合金轮辋，该平衡块的外弯面有不干胶，粘贴于轮辋内表面。

在我国，常见的标准平衡块以克（g）为基础单位，分14挡。其中，最小为5g，最大为80g，平衡块的最小间隔为5g。

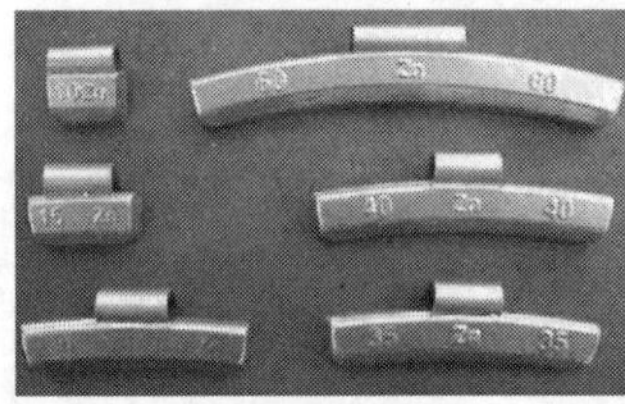

a)卡夹式平衡块　　b)粘贴式平衡块

图4-4　平衡块

引导问题 8　车轮平衡机的分类。

车轮平衡机也称为车轮平衡仪，用来检测车轮的平衡度。其按功能可分为车轮静平衡机和车轮动平衡机两类；按测量方法可分为就车式车轮动平衡机（图4-5 a）和离车式车轮动平衡机（图4-5 b）两类；按车轮平衡机转轴的形式分为软式车轮平衡机和硬式车轮平衡机两类。

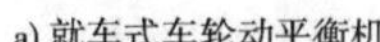

a) 就车式车轮动平衡机　　b)离车式车轮动平衡机

图4-5　车轮动平衡机

学习思考：

（1）车轮不平衡检测主要进行（　　）。

A. 动平衡检测　　B. 静平衡检测

（2）为什么一个平衡块脱落会导致汽车高速运行时振抖？

二、实施作业

引导问题9 作业需要哪些工具、设备和材料？

（1）用离车式车轮动平衡机检测车轮动平衡所需要的防护用具和工量具主要有防护镜、轮胎气压表和轮胎花纹深度尺或游标卡尺，如图4-6所示。

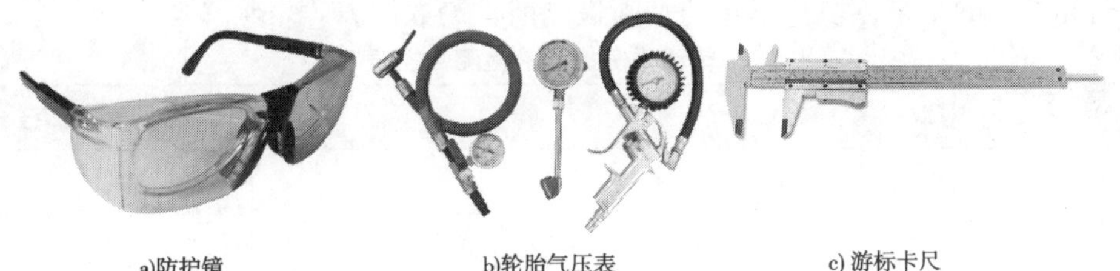

a)防护镜　b)轮胎气压表　c)游标卡尺

图4-6　检测动平衡所需的工量具

（2）离车式动平衡机、平衡块。

引导问题10 检测车轮动平衡之前的准备工作有哪些？

在检查车轮动平衡前需要的准备工作主要有：

（1）检查轮胎气压是否处于标准值，如图 4-7所示。

图4-7　检查轮胎气压

注意：

按照“轮胎充气说明标签”上指示的标准值检查，并将轮胎气压调整至标准值；

严格按照轮胎气压检测的工艺标准进行。

（2）检查轮胎花纹深度是否合格，如图4-8所示。

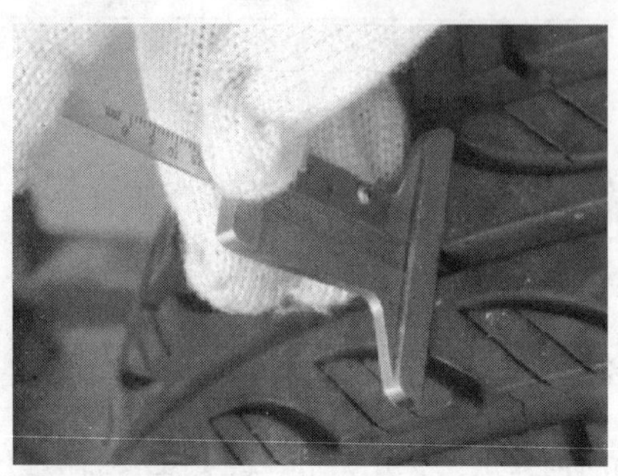

图4-8　检查轮胎花纹深度

注意：

测量点不得少于三个，各点间隔120°。

根据你检测的结果，填写车轮动平衡检测前检测数据表（表4-1）。

车轮动平衡检测前检测数据表　　表4-1

测量值	轮胎气压						轮胎花纹深度（填写是否合格）			
数据	标准值		测量值				左前轮	右前轮	左后轮	右后轮
	前轮	后轮	左前轮	右前轮	左后轮	右后轮				

引导问题11　利用离车式动平衡机检测轮胎动平衡的步骤有哪些?

（1）检查离车式动平衡机是否固定良好，打开平衡机检查机器是否正常（不同型号平衡机的判断方式不一样）（图4-9）。

图4-9　检查动平衡机

注意：

操作人员要戴好防护镜。

（2）检查平衡轴螺纹是否完好，并把平衡轴安装到平衡机上（图4-10）。

图4-10　安装平衡轴

注意：

紧固时不能用力过猛。

（3）选择合适的锥套（图4-11）。

图4-11　选择合适的锥套

注意：

选择锥套时，可在轮胎中心孔进行比较选择，确保选择准确。

（4）清洁轮辋，将车轮安装在平衡机上，用快速把手紧固车轮（图4-12）。

图4-12　安装车轮

注意：

使用快速把手可快速安装轮胎。当快速把手顶住轮辋时，松开按钮，用力将轮胎紧固在平衡轴上。

（5）检查轮胎花纹是否一致，轮胎有无裂纹、破损或鼓包，清理轮胎上的杂物（图4-13）。

图4-13　清理轮胎上的杂物

注意：

在做动平衡试验前，一定要将轮胎上的石子、异物清除干净，否则会影响动平衡检测结果。

（6）清除旧平衡块，如图4-14所示。

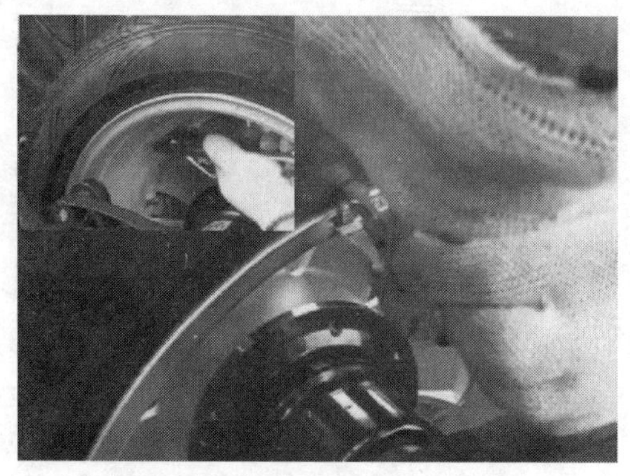

图4-14　清除旧平衡块

注意：

必须清除旧的平衡块，确保平衡准确。

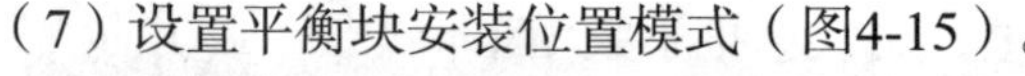

（7）设置平衡块安装位置模式（图4-15）。

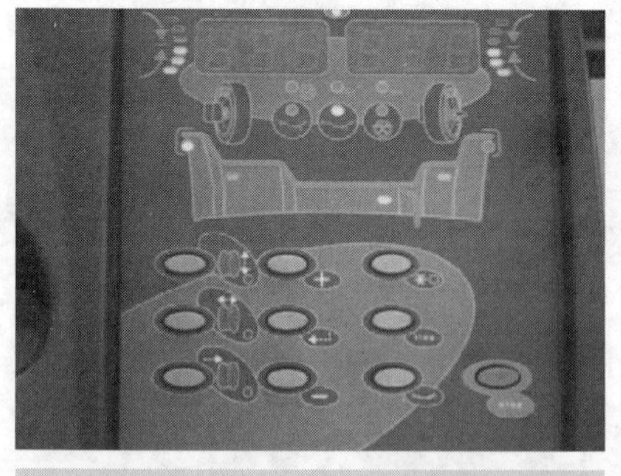

图4-15　设置动平衡块安装位置模式

注意：

根据平衡块安装位置，选择平衡块安装位置模式。

（8）测量轮辋到平衡机的距离，听到提示音后平衡机将记录数据，左侧的信号灯将停止闪动（图4-16）。

图4-16 测量轮辋到平衡机的距离

注意：

测量尺的端头必须放在轮辋边缘凹下部分，不能放在卷边上。

（9）测量外侧参照点到平衡机的距离，此时要尽量远离轮辋的中心线，听到提示音后平衡机将记录数据，右侧的信号灯将停止闪动（图4-17）。

图4-17 测量外侧参照点到平衡机的距离

注意：

必须保证测量端的位置放置正确，听到提示音后才可收回测量尺。

（10）盖上轮胎罩，检测不平衡量，平衡机会自动显示不平衡量的值（图4-18）。

图4-18 测量不平衡量

注意：

必须盖上轮胎罩，以免出现安全事故。

（11）找到不平衡位置：转动轮胎，当左边的六个指示灯全亮时停止，此时轮胎上和

平衡机上突起垂直相对的地方即是不平衡位置（图4-19）。

图4-19　找到不平衡位置

注意：

必须在六个指示灯全亮的情况下，轮胎上和平衡机上突起垂直相对的地方才是不平衡位置。

（12）安装平衡块，如图4-20所示。

图4-20　安装平衡块

（13）重新检查不平衡量并调整动平衡，直至测得数值为零（图4-21）。

图4-21　重新检测

注意：

必须两边数值均显示为零时，才能确认轮胎已经动平衡。

（14）拆卸轮胎并放置到适当位置（图4-22）。

图4-22　拆卸车轮并放在轮胎架上

注意：

禁止直接拔下快速扳手。

三、评价与反馈

对本学习任务进行评价，填写表4-2。

评 价 与 反 馈 表　　表4-2

考核项目	评分标准	分数	学生自评	小组互评	教师评价	小计
团队合作	是否和谐	5				
活动参与	是否积极主动	5				
安全生产	有无安全隐患	10				
现场5S	是否做到	10				
任务方案	是否正确合理	15				
操作过程	测试前检查； 车轮在动平衡机上的正确安装； 轮辋轮胎位置尺寸测量； 平衡机操作	30				
任务完成情况	是否圆满完成	5				
工具和设备使用	是否规范标准	10				
劳动纪律	是否严格遵守	5				
工单填写	是否完整规范	5				
总　分		100				
教师签名				得分		

四、学习拓展

1.查阅资料，简述离车式动平衡机的基本结构和工作原理。

2.结合你学习的知识，指出在汽车上还有哪些部件或机构需要动平衡，并说明消除动平衡的各种方式有何异同。

项目四

整车的润滑

学习任务五

Task

发动机润滑油及滤清器的更换

学习目标

◎完成本学习任务后，你应当能：

1.掌握发动机润滑油的选择方法；

2.能正确检查机油的液位；

3.掌握滤清器更换工艺；

4.能正确更换滤清器。

建议完成本任务的时间为2课时。

学习任务描述

一辆新爱丽舍自动挡轿车行驶了60 000km，到4S店进行维护，需要对发动机润滑油（机油）进行液面检查、泄漏检查，更换滤清器和机油。请你根据工艺要求完成上述任务。

学习内容

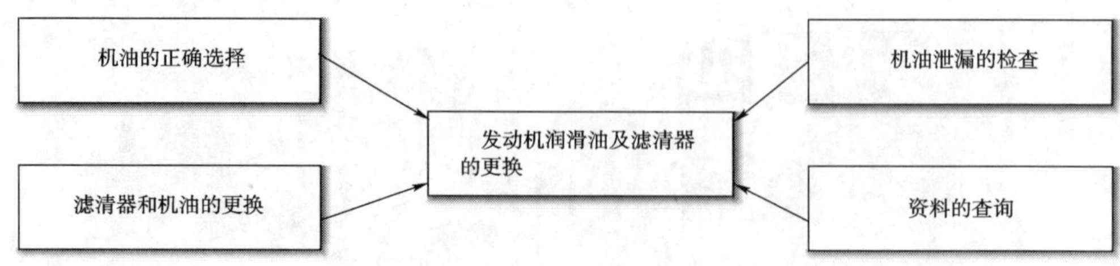

一、资料收集

引导问题 1　发动机润滑油的作用是什么？

发动机润滑油的主要作用是润滑曲轴、连杆等摩擦部位，除此之外，发动机润滑油还应具有冷却、密封、清洗和防锈抗腐蚀作用。

1 润滑作用

发动机工作时，许多部件处于高速运转中，并承受着高速的摩擦。如果这些摩擦零件得不到适当的润滑，在高温、高速和高压下，金属之间就会产生干摩擦。金属间的干摩擦不但会增加能量消耗，而且摩擦产生的大量热会在短时间内使摩擦表面的金属发生磨损、熔化甚至烧结，最终导致运动部件卡死。

发动机润滑油进入零件摩擦表面后，形成一层油膜，当零件产生相对运动时，粘在它们表面的油膜随之移动，从而防止金属表面直接接触引起干摩擦。

2 冷却作用

发动机内燃料燃烧产生的热量大约有30%转化为机械能，其余的热量，一部分被零件磨损消耗，另一部分则随废气排出和使机体发热。发动机热量的60%由冷却液带走，剩余的热量靠润滑油来传递。发动机工作时，润滑油不断地流动，从零件表面上吸取热量并将热量带走。

3 密封作用

发动机各零件之间具有一定的间隙，有些间隙对发动机正常工作影响很大，如汽缸、活塞和活塞环之间的间隙。这些间隙的存在会造成漏气，因此润滑油必须在这些间隙中形成油膜，以起到一定的密封作用。

4 清洗作用

发动机工作时，燃烧产生的积炭，润滑油高温氧化形成的胶质、相互运动的零件摩擦产生的金属杂质、空气中的灰尘等将在发动机零部件上形成沉积物，这些沉积物如不及时清除将加剧零部件的磨损，影响发动机正常运转。发动机润滑油的循环流动，可以将油泥和杂质带走，经过机油滤清器过滤，使干净的润滑油不断洗涤摩擦表面，保证发动机的正常工作。

此外，发动机润滑油还具有防锈作用，它能吸附在金属表面，防止水和酸性气体对金属的腐蚀。

引导问题 2　发动机润滑系统的组成。

发动机润滑系统由机油泵、机油滤清器、机油冷却器、集滤器和机油油道等组成，如图5-1所示。为使驾驶员能随时掌握润滑系的工作状况，有些发动机还设有指示机油压力的机油压力表或其他警示装置，有的还备有机油温度表。

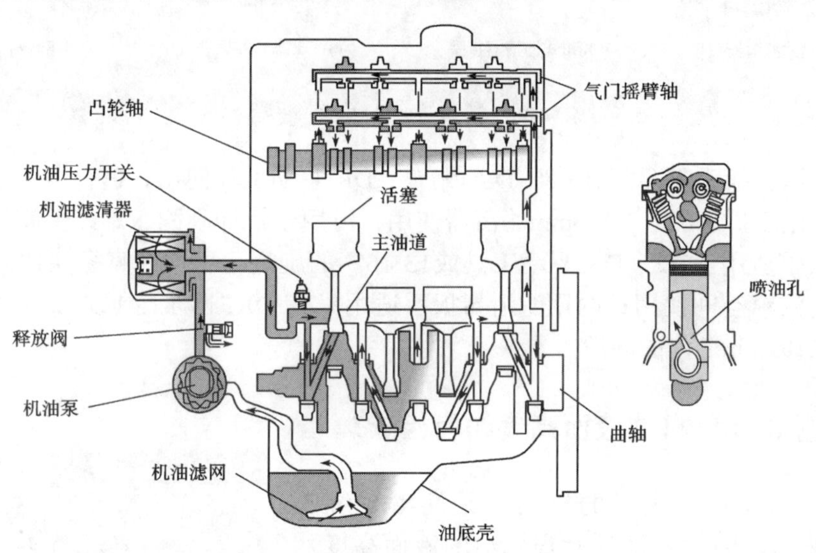

图5-1　发动机压力式润滑系统

引导问题 3　机油滤清器在发动机中起什么作用?

发动机工作过程中，金属磨屑、尘土、高温下被氧化的积炭和胶状沉淀物、水等不断混入润滑油。机油滤清器的作用就是滤掉这些机械杂质和胶质，保持润滑油的清洁，延长其使用期限。

引导问题 4　机油滤清器在发动机中有哪几种形式?

一般润滑系中装用几个不同滤清能力的滤清器——集滤器、粗滤器和细滤器，分别并

联或串联在主油道中（与主油道串联的叫全流式滤清器，发动机工作时润滑油全部经滤清器滤清；与之并联的叫分流式滤清器）。其中，粗滤器串联在主油道中，为全流式；细滤器并联在主油道中，为分流式。现代轿车发动机上普遍只设有集滤器和一个全流式机油滤清器。

引导问题 5 机油滤清器拆卸专用工具有哪些?

机油滤清器拆卸专用工具（以世达为例）主要有帽式滤清器扳手、钳式滤清器扳手、带式滤清器扳手和两用滤清器扳手，如图5-2所示。

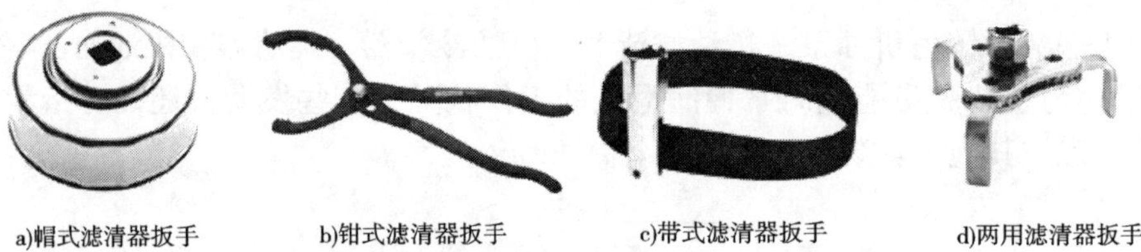

a)帽式滤清器扳手　b)钳式滤清器扳手　c)带式滤清器扳手　d)两用滤清器扳手

图5-2　滤清器拆装专用工具

帽式滤清器扳手需要配合3/8″ DR.或1/2″ DR.驱动工具使用，适合一定车型；钳式滤清器扳手适用于拆卸63.5～116mm滤清器使用，可用于拆卸顽固、难以拆卸的滤清器；带式滤清器扳手适用于1/2″ DR.驱动工具或13/16″ 的旋柄，可拆卸直径在120mm之内的滤清器，适合狭窄空间使用；两用滤清器扳手适用1/2″ DR.驱动工具或13/16″ 的旋柄，可拆卸直径在102mm之内的滤清器。

引导问题 6 机油液面高度如何检查?

油底壳内保持一定量的机油，是润滑系统正常工作的前提，因此要经常检查机油的液面高度。机油的液面高度是通过观察拔出的机油尺来检查的。将汽车停放在平坦的地面上，起动发动机预热3～5min（水温达到60～70℃），停止发动机运转2～3min后拔出机油尺，如果机油处于上限（MAX或F标记）、下限（MIN或L标记）之间（图5-3），说明不缺少机油。

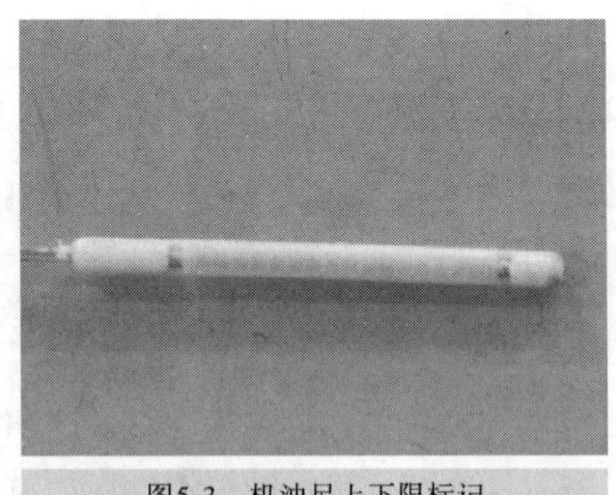

图5-3　机油尺上下限标记

引导问题 7 为什么达到一定里程或时间必须更换机油?

机油使用后会变质，因机油在使用中吸收了发动机中的杂质，它会变脏，然后变黑。如果不更换机油，发动机将被损坏。

引导问题 8 机油和滤清器的更换周期是怎样的?

按照行驶距离或者时间来更换机油；每5 000km或半年(国外标准为10 000km或1年)更换一次；在更换机油时一同更换机油滤清器 (具体标准参照车辆维修手册) 。

二、实施作业

引导问题 9 作业需要哪些工具、设备和材料?

（1）普通工具：滤清器拆卸专用工具、世达150件套、扭力扳手和桶式废油接油机，如图5-4所示。

a)世达150件套

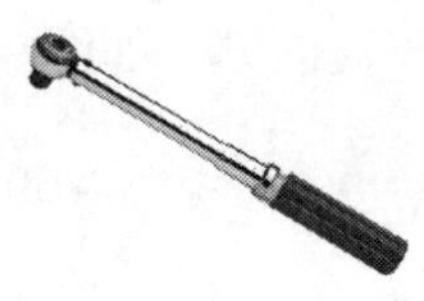
b)数字式可调扭力扳手

c)桶式废油接油机

图5-4　更换机油所需工具

（2）翼子板布和前格栅布。
（3）举升机和爱丽舍轿车。
（4）爱丽舍维修手册。

引导问题 10 读取里程表上的数值，判断是否需要更换机油并填写以下信息。

车牌号_____________，车辆行驶里程数____________，上次更换机油至今的时间间隔（月）_____________，是否需要更换机油____________。

引导问题 11 作业前的准备工作有哪些?

（1）汽车进入工位前，将工位清理干净，准备好相关器材。
（2）将汽车停驻在举升机中央位置。
（3）拉紧驻车制动器操纵杆，并将变速杆置于空挡或驻车挡（P挡）位置。
（4）安装翼子板布和前格栅布。
（5）按照举升机操作规范将车辆举升至高位（操作人员可在车辆下站立的高度），如图5-5所示。

（6）拆下发动机防护板，如图5-6所示。

图5-5　举升车辆至高位

图5-6　将发动机防护板拆下

引导问题 12　更换机油的步骤有哪些?

（1）将桶式废油接油机推到车辆前方，如图5-7所示。

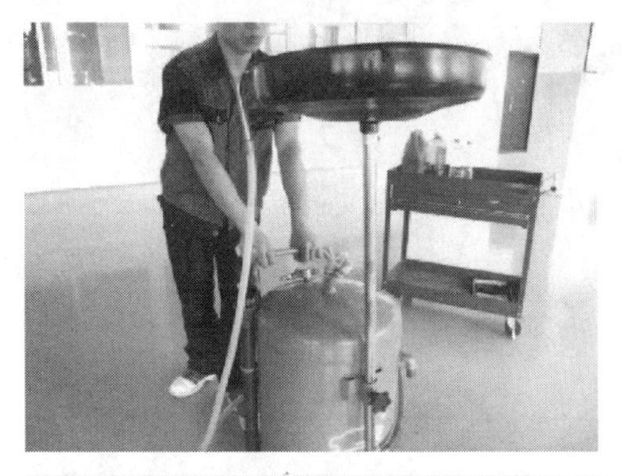

图5-7　将桶式废油接油机推至车前方

注意：

推车的时候防止车辆发生翻覆。

（2）先旋松油桶上的锁止螺母，然后将机油接油盘升到最高位置，最后旋紧锁止螺母，如图5-8所示。

（3）将机油接油盘放置在发动机油底壳的正下方，如图5-9所示。

图5-8　升起机油接油盘

图5-9　将机油接油盘放置在发动机油底壳正下方

（4）拧松机油排放螺栓，如图5-10所示。

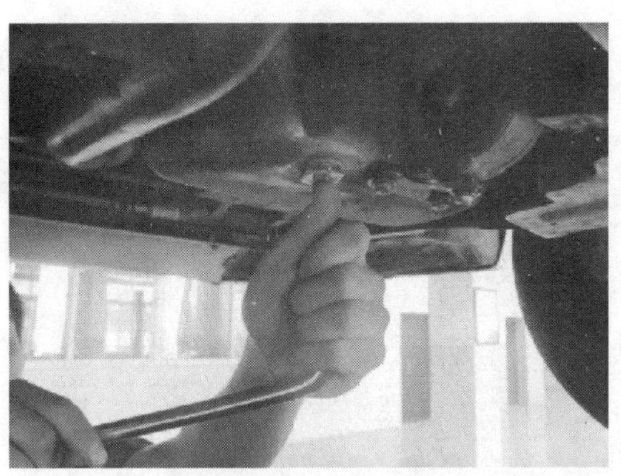
图5-10　拧松机油排放螺栓

注意：

使用油底壳螺栓专用工具，拧松机油排放螺栓。

（5）拧松机油排放螺栓数圈后，将专用工具清洁后放回工具车，如图5-11所示。

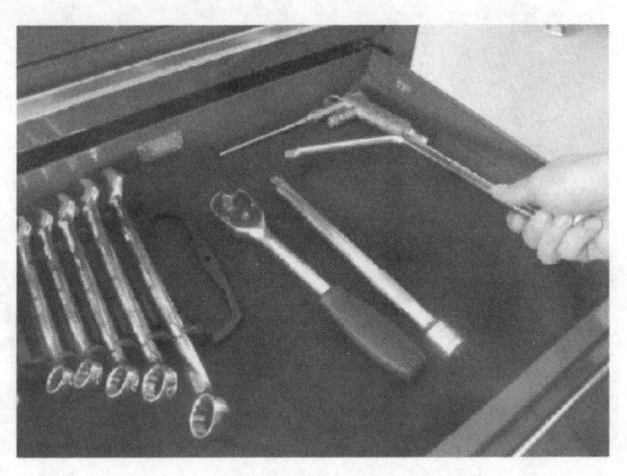
图5-11　放回油底壳螺栓专用工具

（6）一手拿抹布，另一只手旋下机油排放螺栓，如图5-12所示。

图5-12　拧下机油排放螺栓

注意：

在旋出机油排放螺栓的过程中，要防止机油沾到手上。如果有机油沾到手上必须马上用抹布擦干净。

（7）取下机油排放螺栓和垫片，排放机油，如图5-13所示。

图5-13　取下机油排放螺栓和垫片，排放机油

注意：

观察排放螺栓垫片是否也被取下。

（8）取下机油排放螺栓和垫片后，用抹布擦干净，然后放在工具车上，如图5-14所示。

图5-14　将机油排放螺栓和垫片放在工具车上

（9）观察机油排放口滴油情况，如图5-15所示。

图5-15　观察机油排放情况

注意：

要求呈滴状流出至≤1 滴/s。

（10）更换机油排放螺栓垫片，螺栓用手完全拧入,如图5-16所示。

图5-16 安装机油排放螺栓

（11）用专用工具或套筒将机油排放螺栓拧至规定力矩，如图5-17所示。

图5-17 将机油排放螺栓拧至规定力矩

注意：

机油排放螺栓规定拧紧力矩为25N·m。

（12）将机油接油盘降下，把桶式废油接油机推到车前方，如图5-18所示。

图5-18 拉出桶式废油接油机

（13）装上下护板。

引导问题 13 如何更换机油滤芯？

（1）从工具车上拿出27mm套筒装在长接杆上，并与扭力杆连接，如图5-19所示。

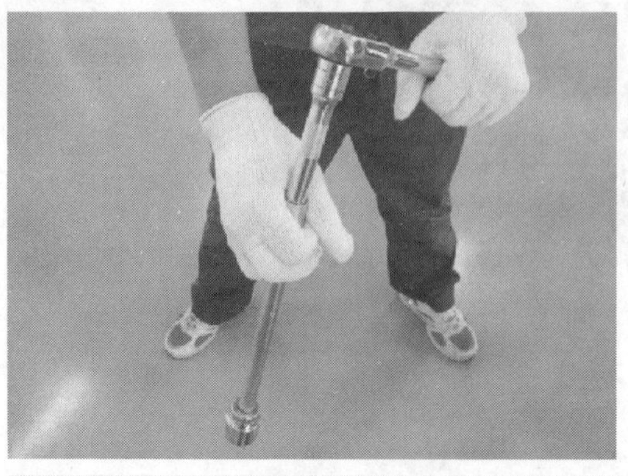
图5-19　安装接杆和套筒

注意：

套筒接杆应该连接到合适的长度。

（2）将套筒套在机油滤清器盖上，并用力拧松，如图5-20所示。

图5-20　拧松机油滤清器盖

注意：

拆卸滤清器盖时左手应向下压，右手逆时针拧松。

（3）用手慢慢拧下机油滤清器盖，如图5-21所示。

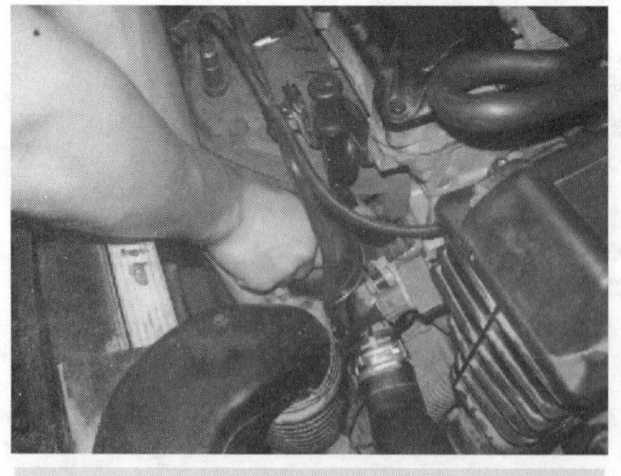
图5-21　拧下机油滤清器盖

注意：

拆卸滤清器盖时应该准备抹布防止机油泄漏。

（4）在机油回收盘上，拆下机油滤芯和密封圈，如图5-22所示。

图5-22 拆卸机油滤芯

注意：

拆卸机油滤芯时应防止机油飞溅。

（5）更换机油滤芯和密封圈，如图5-23所示。

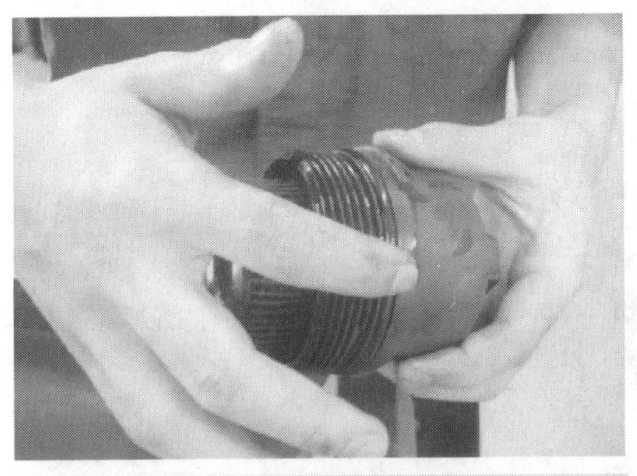

图5-23 更换机油滤芯和密封圈

注意：

更换完后应涂抹新机油到密封圈上。

（6）用双手将机油滤清器盖装到发动机上，如图5-24所示。

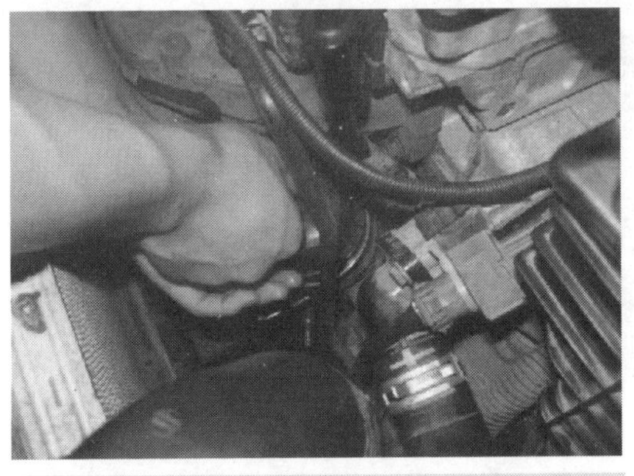

图5-24 安装机油滤清器盖

注意：

安装机油滤清器盖时应该用手完全拧入再用扭力扳手拧紧。

（7）用扭力扳手紧固机油滤清器盖，如图5-25所示。

图5-25 拧紧机油滤清器盖

注意：

机油滤清器盖规定拧紧力矩为25N·m。

引导问题 14 如何加注发动机机油?

(1)将机油加注口盖从发动机上取下放到零件车上，如图5-26所示。

(2)从工具车上拿来一壶机油，打开机油壶盖，将其放在工具车上，如图5-27所示。

图5-26 放好机油加注口盖

图5-27 打开机油壶盖

(3)将机油壶口对准发动机机油加注口，慢慢倒入发动机机油，如图5-28所示。

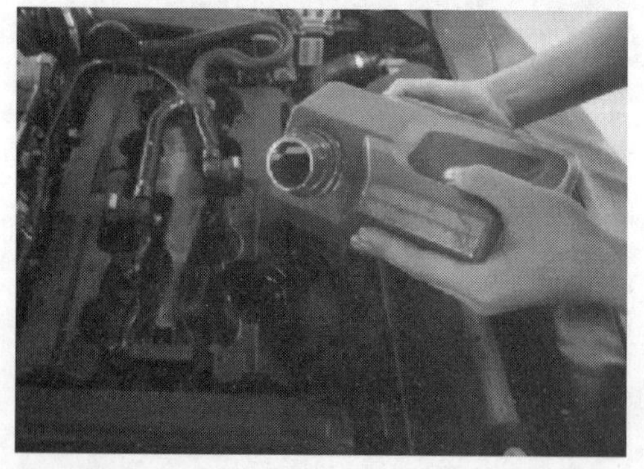

图5-28 对准发动机机油加注口

注意：

刚开始一定要慢，否则将影响机油正常加入。

（4）在加机油的过程中一定要注意力集中，注意机油的流速，如图5-29所示。

图5-29 加入发动机机油

注意：

如果有机油溢出，必须马上停止加注，用抹布将其擦干净。

（5）在加机油时，一定要注意加注量。加到规定加注量时，即可停止加注，如图5-30所示。

图5-30 完成机油加注

注意：

爱丽舍轿车机油容积为3.2L。

（6）完成机油加注后，盖好机油壶盖，并放回工具车，如图5-31所示。

图5-31 将空机油壶放回零件车

（7）从工具车上拿来机油加注口盖，用手将其拧紧，然后用抹布擦干净，如图5-32所示。

图5-32　盖好机油加注口盖

注意：

如果加注口周围有机油应马上擦干净。

（8）抽出机油尺，检查发动机机油液面高度是否合适，如图5-33所示。

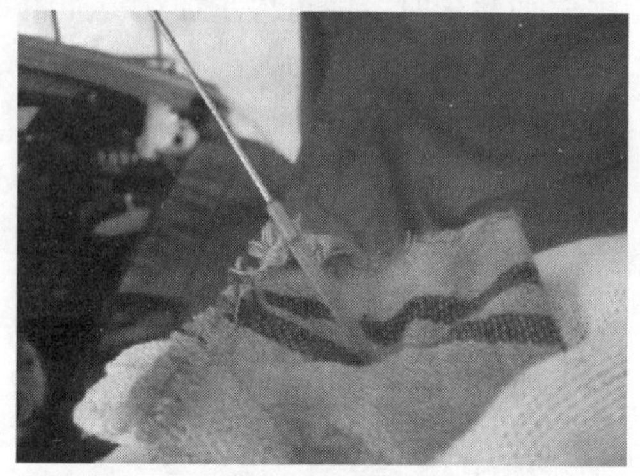

图5-33　检查机油液面高度是否合格

注意：

第一次拔出机油尺后擦净机油，然后将机油尺完全插入导管，再次拔出机油尺确认机油液面高度。

发动机机油液面高度应在机油尺上下限标记2/3处为宜。

三、评价与反馈

对本学习任务进行评价，填写表5-1。

评 价 与 反 馈 表　　表5-1

考核项目	评分标准	分数	学生自评	小组互评	教师评价	小计
团队合作	是否和谐	5				
活动参与	是否积极主动	5				
安全生产	有无安全隐患	10				
现场5S	是否做到	10				
任务方案	是否正确合理	15				
操作过程	会正确使用举升机； 会正确拆装放油螺塞； 会正确拆装机油滤清器； 会正确加注机油； 会正确检查机油液面高度	30				

续上表

考核项目	评分标准	分数	学生自评	小组互评	教师评价	小计
任务完成情况	是否圆满完成	5				
工具和设备使用	是否规范标准	10				
劳动纪律	是否严格遵守	5				
工单填写	是否完整规范	5				
总　　分		100				
教师签名				得分		

四、学习拓展

1. 自己动手，实践其他几种滤清器拆装专用工具的使用。

2. 查阅资料，简单解释机油品质如何检查。

学习任务六

变速器油的检查与添加

学习目标

◎完成本学习任务后，你应当能：

1.掌握AL4自动变速器油液面高度检查的步骤；

2.独立进行变速器油液面的检查；

3.会使用变速器油液面高度检查专用工具；

4.根据要求查阅相关资料。

建议完成本任务的时间为2课时。

学习任务描述

一新爱丽舍自动挡轿车行驶了60 000km，至4S店进行维护，需要对变速器油液面高度进行检查，油量不足时需添加。请你根据工艺要求完成上述任务。

学习内容

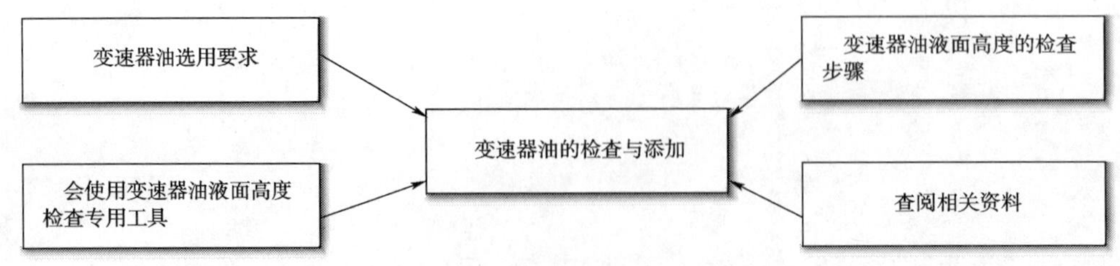

一、资料收集

引导问题1 变速器油的作用是什么？

变速器油的作用主要有：润滑变速器中运动件的摩擦部位，冷却零部件，缓和运动部件间的振动，减少冲击，防止零部件锈蚀及清洁零部件表面的杂质。

引导问题2 如何选择自动变速器油？

自动变速器使用专用液压油，称为自动变速器液压油，缩写为ATF。正常的自动变速器液压油是粉红色、清澈透明、无混杂物、无杂味的清洁油液。常用的牌号有Dexron、DexronⅡ、DexronⅢ和F型。不同的自动变速器使用的液压油牌号可能不同（使用手册及维修手册有说明）。不同牌号液压油的工作特性有所不同，因此，更换液压油时切不可用其他牌号的液压油代替，更不能用一般的液压油顶替；否则，会造成变速器的损坏。

引导问题3 如何选择手动变速器油？

用于手动变速器的润滑油，其质量等级包括：GL-4中负荷车辆齿轮油、GL-5重负荷车辆齿轮油。1997年美国汽车工程师协会（SAE）、美国材料与试验协会（ASTM）和美国石油学会（API）制定的MT-1手动变速器油，用于非同步的重型载货汽车及公共汽车的手动变速器润滑。随着变速器挡位的增加、空气动力学设计的进步及同步器的广泛使用，手动变速器润滑油在热氧化安定性、同步耐久性、抗擦伤性能上有进一步要求，由此开发了手动变速器油（MTF）。

根据手动变速器使用的技术条件，按照表6-1进行手动变速器润滑质量等级的选用。

手动变速器润滑质量等级的选用 表6-1

手动变速器技术条件	推荐油品	换油期（km）
带同步器的手动变速器	MTF	60 000～80 000
不带同步器的手动变速器	MT-1	60 000～80 000
	GL-4或GL-5	25 000～50 000

根据商用车使用地区的环境温度范围，按照表6-2进行车辆齿轮油黏度等级的选择。中国汽车工程学会技术规范SAE-China J2901.2—2010规定，在气温较高的环境下，对重负荷、长距离运输等工况恶劣的车辆推荐选用黏度较大的车辆齿轮油。

车辆齿轮油黏度等级的选择 表6-2

环境温度（℃）	车辆齿轮拥有黏度等级
−57～49	75W90
−30～49	80W90
−15～49	85W90

续上表

环境温度（℃）	车辆齿轮拥有黏度等级
-15～49	85W140
-12～49	90
-7～49	140

注：表中油品的等级，W前的数字越小，表明油品的低温性能越好；W后的数字越大，表明油品的黏度越大。

引导问题4　东风雪铁龙爱丽舍所使用的变速器齿轮油的牌号和用量分别有什么要求？

东风雪铁龙爱丽舍所使用的变速器齿轮油的牌号和用量见表6-3。

东风雪铁龙爱丽舍所使用的变速器齿轮油的牌号和用量表　表6-3

品　名	牌　号	每车用量（L）
手动变速器油	ESSO EZL848(GL 5.75W/80W)	2.0
自动变速器油	ESSO LI71141(Norme DexRon D3)	6.0

引导问题5　如何辨别市场上的劣质变速器油？

劣质变速器油，一是在基础油中加有渣油、沥青、劣质橡胶或润滑油溶剂精制的抽出油等，这些成分热氧化安全性差，黏温性质差，储存时易析出；二是所用添加剂质量低下，多使用氯化石蜡，加量不够或配比不当，性能不好。伪劣车辆齿轮油产品颜色较黑，有时可以看到有分层或沉淀。这些伪劣油中含有氯元素，氧化后黏度增长率高，油泥和沉淀很多。可根据这些现象辨别油的真伪。

二、实施作业

引导问题6　作业需要哪些工具、设备和材料？

（1）螺塞拆装工具、注油工具、PROXIA，如图6-1所示。

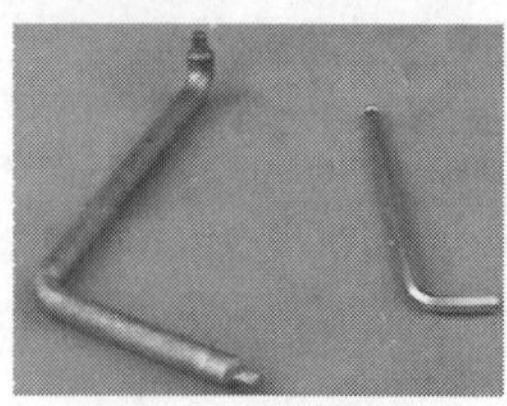

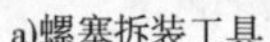

a)螺塞拆装工具

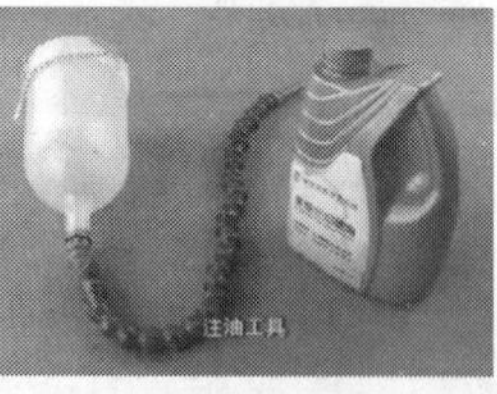

b)注油工具

c)PROXIA

图6-1　变速器油液面高度检查和添加所需工具

（2）防护五件套、翼子板布和前格栅布。

（3）举升机和爱丽舍轿车。

（4）爱丽舍轿车维修手册。

引导问题7 作业前的准备工作有哪些?

（1）汽车进入工位前，将工位清理干净，准备好相关的器材。

（2）将汽车停驻在举升机中央位置。

（3）安装防护五件套。

（4）检查车辆是否处于水平位置，拉紧驻车制动器操纵杆，并将变速杆置于空挡位置。

（5）在车内拉动发动机舱盖手柄，在车外打开并支撑发动机舱盖（图6-2），安装翼子板布和前格栅布。

图6-2 打开发动机舱盖并可靠支撑

引导问题8 检查AL4变速器油液面高度的步骤有哪些?

（1）拆下空气滤清器和蓄电池，拧下加油螺塞，如图6-3所示。

图6-3 拧下加油螺塞

注意：

车辆处于水平时检查的结果更准确；

拆下空气滤清器和蓄电池才能拆下加油螺塞；

拆卸加油螺塞时需用专用工具，因操作空间较小，需注意安全。

（2）加入0.5L变速器油到变速器（图6-4）里，拧紧加油螺塞，安装好空气滤清器和蓄电池。

图6-4 加入变速器油

注意：

加油速度较慢，耐心等待，必须加完0.5L油。

（3）起动发动机，踩下制动踏板，各挡位循环挂几遍，如图6-5所示。

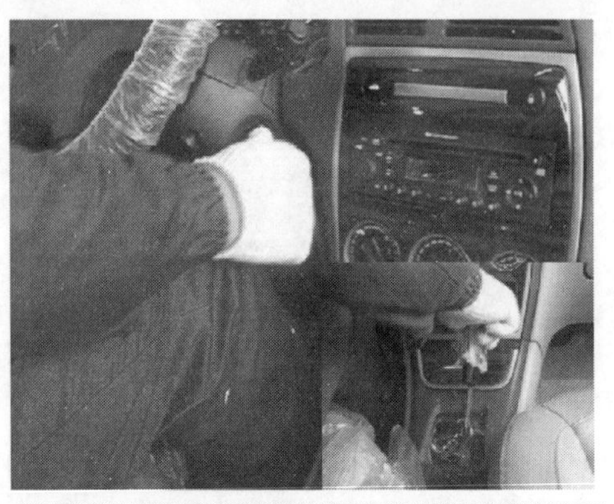

图6-5　起动发动机，循环挂挡

注意：

此时必须保持发动机处于怠速状态；

循环挂挡完成后，使变速器处于P挡。

（4）变速杆置于P挡，发动机怠速运行，使用PROXIA监测油温直至达到60℃。

（5）拧下液面检查螺塞，检查液面高度，如图6-6所示。

图6-6　拧下液面检查螺塞

注意：

检查液面高度时，必须使发动机怠速运行；

拧下液面检查螺塞时没有油液滴下，则需要加油，重复上述步骤；若油液缓慢流出，待油液成滴时拧上液面检查螺塞。

（6）拧上液面检查螺塞，并清洁，如图6-7所示。

图6-7　拧上液面检查螺塞

注意：

液面检查螺塞拧紧力矩为33N·m。

（7）降下车辆，连接PROXIA，设置机油消耗计数器。

机油消耗计数器设置时每加0.5L油，计数器减少2 750格单位，按所加油量进行计算；

每次加新油后都需要此步操作。

（8）关闭发动机，整理场地并清洁车辆和地面。

三、评价与反馈

对本学习任务进行评价，填写表6-4。

评价与反馈表　　表6-4

考核项目	评分标准	分数	学生自评	小组互评	教师评价	小计
团队合作	是否和谐	5				
活动参与	是否积极主动	5				
安全生产	有无安全隐患	10				
现场5S	是否做到	10				
任务方案	是否正确合理	15				
操作过程	会正确使用举升机 会正确加注润滑油； 会正确使用PROXIA； 会正确检查液面高度	30				
任务完成情况	是否圆满完成	5				
工具和设备使用	是否规范标准	10				
劳动纪律	是否严格遵守	5				
工单填写	是否完整规范	5				
总分		100				
教师签名				得分		

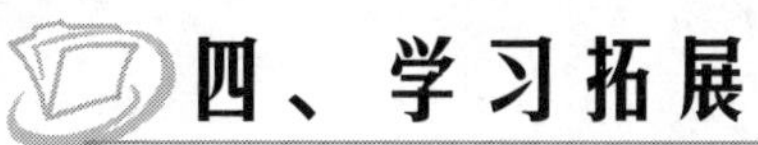

四、学习拓展

1.查阅资料，简述MA5手动变速器油液面高度的检查方法。

2.卡罗拉配备的是U340E变速器，简述怎样检查其变速器油的液面高度。

项目五

制动系的维护

学习任务七

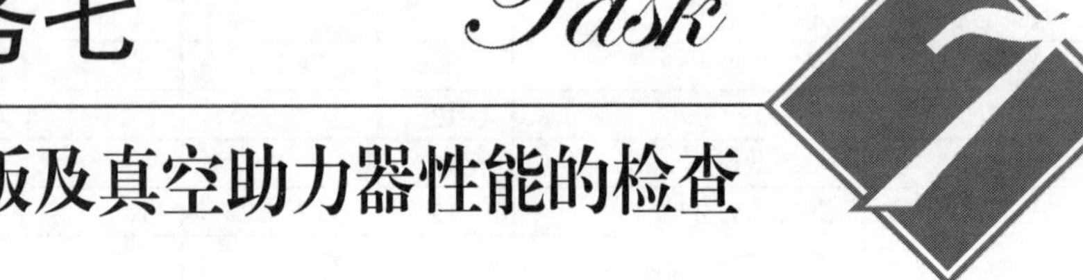

制动踏板及真空助力器性能的检查

学习目标

◎完成本学习任务后，你应当能：

1.掌握制动踏板的检查方法；

2.掌握真空助力器状态的检查方法；

3.了解真空助力器的作用；

4.掌握驻车制动性能的检查方法。

建议完成本任务的时间为2课时。

学习任务描述

一辆新爱丽舍轿车达到维护里程，到4S店进行维护，车主反映，该车在制动时感觉制动踏板很“硬”。请你针对这一现象对该车进行维护。

学习内容

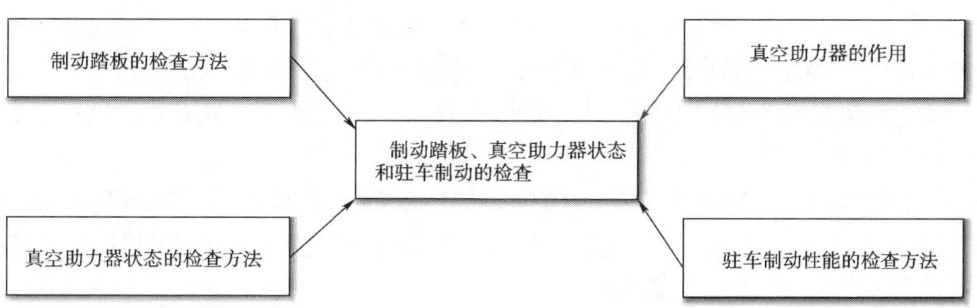

一、资料收集

引导问题 1 爱丽舍轿车制动系统的组成。

爱丽舍轿车制动系统有行车制动和驻车制动两套制动系统。其行车制动系统为发动机真空助力、前后车轮双管路并呈X形布置的液压带感载比例阀的制动系统，它由两个前轮盘式制动器、两个后轮鼓式制动器、真空助力器液压制动总泵、分泵及制动压力调节装置组成。行车制动系统的组成及布置，如图7-1所示。

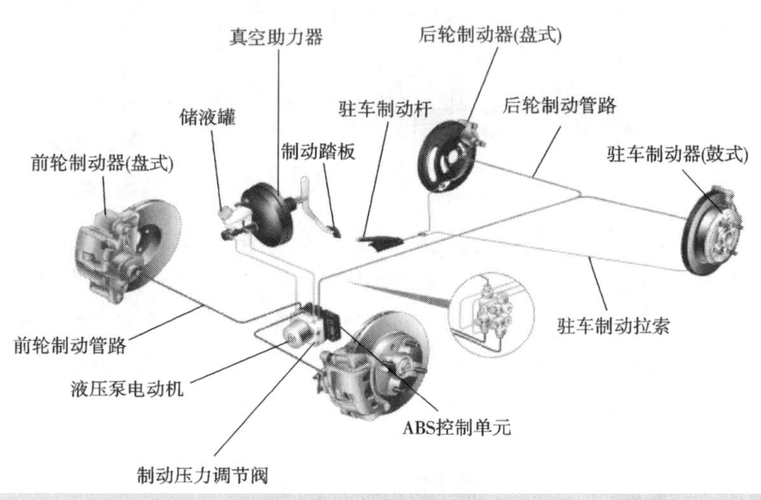

图7-1 轿车制动系统基本组成

引导问题 2 爱丽舍轿车真空助力器的组成及工作原理。

真空助力器的作用是减轻驾驶员的制动操纵力，其结构如图7-2所示。

真空助力器的工作原理：真空助力器工作是靠B腔（负压室）大气压与A腔（空气室）间的压差作用在膜片上而起助推作用的。

（1）制动时，与脚踏板相连的操纵杆将推动柱塞向左移动，同时空气阀门在弹簧推力下也向左移动，当空气阀门一旦抵在前面的固定阀口上，将使B腔抽真空孔道断开，这时通过空气滤清器的大气进入B腔，由于B腔压力高于A腔压力，靠压力差助推推杆向左，使制动总泵起制动作用。

（2）制动解除时，脚踏板上的力消失，被压缩的复位弹簧将使推杆向右移动并推动柱塞及柱塞阀口向右移动，一旦柱塞阀口抵住空气阀门将使大气通道断开，B腔抽真空孔道被重新打开，使A、B腔均为真空。

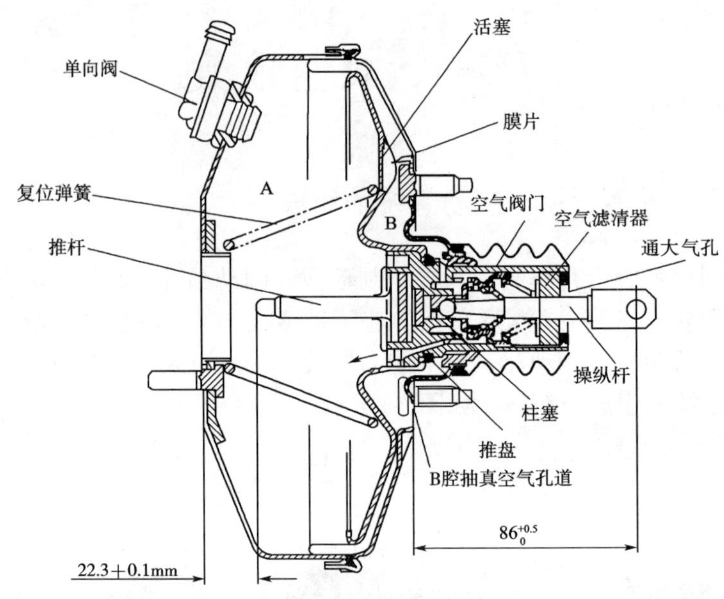

图7-2　真空助力器结构及原理

真空助力器是利用发动机运转时进气歧管的真空度作为动力的，因此不装备真空储能器的发动机熄火后虽能保证一次有效的真空助力制动，但再次使用时真空势能已耗尽，因此禁止行车时熄火滑行，尤其是下坡熄火滑行。行车前与行车时应注意脚感真空助力器的效能。如果制动时感觉制动踏板明显较以往费力得多，则为真空助力器失效，应立即就近到服务站进行检修，切不可大意继续行车，否则后果不堪设想。

引导问题 3　检查真空助力器有哪些方法?

进气歧管真空不足、真空管路泄漏或破损、膜片漏气，都能导致真空助力器工作不良。而制动踏板费力通常是真空助力器完全损坏的重要信号。真空助力器是否正常工作，可以采用的检查方法主要有：密封性能检查、负荷密封性检查、助力功能检查、真空供给检查、真空单向阀检查和空气阀检查。

引导问题4 为什么要进行制动踏板检查？

在液压制动系统中，制动踏板行程的大小、制动踏板的高度位置，在一定程度上反映了制动系统的问题。如制动踏板过低，制动踏板行程过长，其原因可能是：液压系统中有空气、液压系统泄漏、真空助力器推杆长度调整不正确、制动摩擦片过度磨损、制动蹄片与制动鼓的间隙过大等。若制动踏板行程过长，则应找出原因，排除故障，然后进行踏板行程的调整。对于检修过的制动系统，其制动踏板行程也应进行检查和调整。

引导问题5 爱丽舍轿车驻车制动采用何种形式？

爱丽舍轿车的驻车制动采用机械式，由手制动拉杆操纵钢丝拉索，通过后轮鼓式制动器而起作用，如图7-3所示。

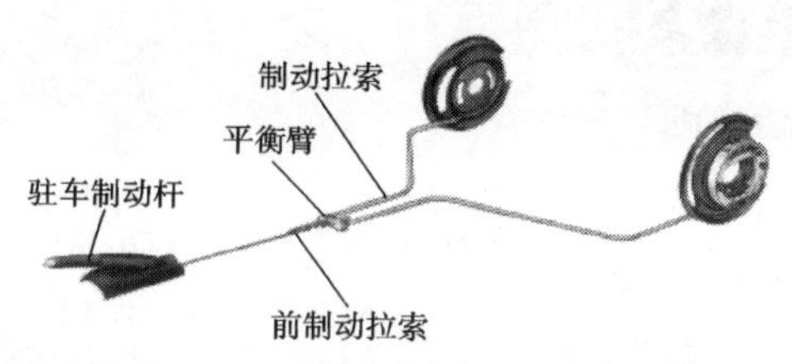

图7-3 驻车制动组成

二、实施作业

引导问题6 作业需要哪些工具、设备和材料？

（1）直尺。
（2）翼子板布、前格栅布和防护五件套等。
（3）举升机和爱丽舍轿车。
（4）爱丽舍轿车维修手册。

引导问题7 作业前的准备工作有哪些？

（1）汽车进入工位前，将工位清理干净，准备好相关的器材。
（2）将汽车停驻在举升机中央位置。
（3）拉紧驻车制动器操纵杆，并将变速杆置于驻车挡（P挡）位置。
（4）安装防护五件套。

引导问题 8　怎样检查制动踏板高度?

（1）使发动机处于关闭状态，反复多次 (5次以上)踩制动踏板，使其真空助力器的真空度为零，如图7-4所示。

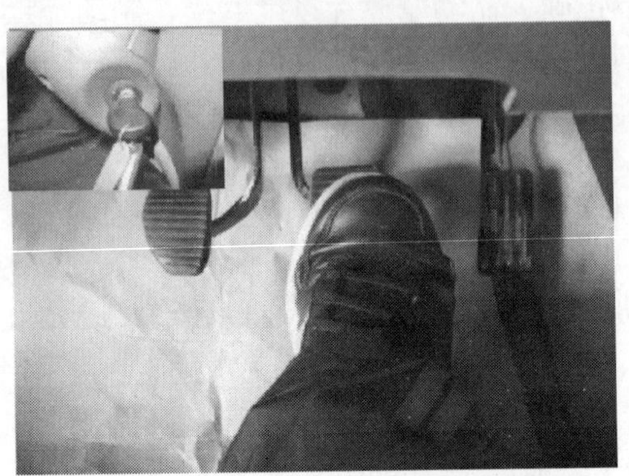

图7-4　关闭发动机，踩制动踏板

注意：

踩踏制动踏板的速度不宜过快。

（2）制动踏板行程测量，如图7-5所示。

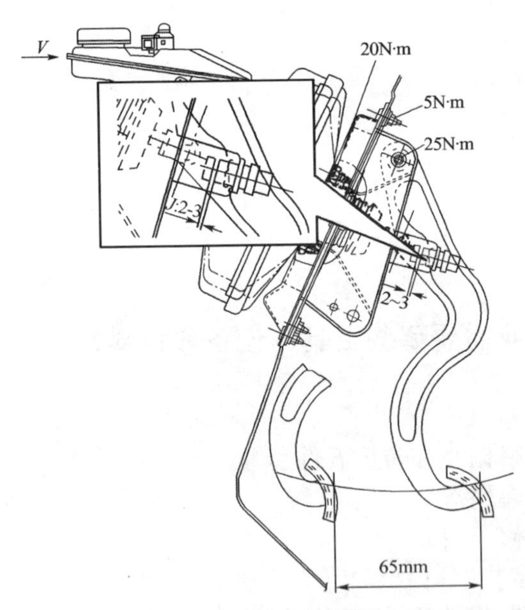

图7-5　测量制动踏板行程

爱丽舍轿车制动踏板最大行程为65mm。若制动踏板行程过长，应加以调整。调整时应保证制动灯开关处间隙J=2～3mm，并确认踩制动踏板时，制动灯亮，而松开制动踏板后，制动灯熄灭。

引导问题9 怎样检查真空助力器的状态？

1 密封性能检查

（1）起动发动机，转1～2min后关闭发动机（图7-6）。

（2）以常用制动踏板力踩制动踏板若干次，每次踩踏板的间隔时间应在5s以上，检查制动踏板高度,如图7-7所示。

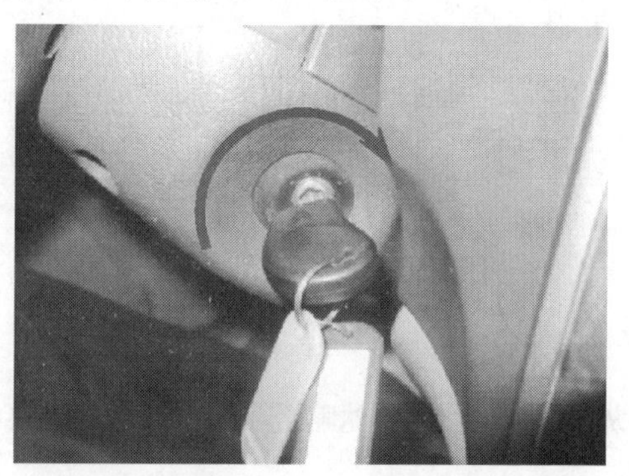

图7-6 关闭发动机

图7-7 踩踏制动踏板若干次

制动踏板高度若一次比一次高，则表明真空助力器密封性能良好；否则，应检查发动机真空供给情况。若发动机运转时，提供的真空度正常，则表明真空助力器密封不良，应检修真空助力器。

2 负荷密封性能检查

（1）起动发动机，使发动机怠速运转1～2min，如图7-8所示。

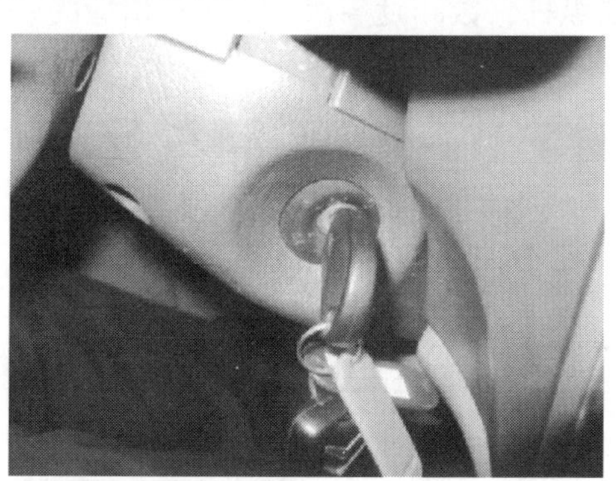

图7-8 起动发动机

（2）踏下制动踏板数次，如图7-8所示。

（3）使踏板处于最低位置，并在保持踏板力不变的情况下，停止发动机运转，检查踏板高度。

若发动机提供的真空度正常，而踏板高度在30s内无变化，则说明真空助力器密封性能良好。如制动踏板有明显的回升现象，则真空助力器有漏气故障。

3 助力功能检查

（1）关闭发动机。

（2）踩压制动踏板数次，以消除真空助力器的全部残余真空度，使踏板高度无变化。

（3）踩住踏板不动，并起动发动机，检查踏板是否继续下沉。

若制动踏板略为下沉，说明真空助力器助力功能正常；如踏板不动，则助力器无助力作用。此时，应首先检查真空源是否提供了一定的真空度，然后检查真空管路、止回阀及真空助力器。

引导问题 10 驻车制动状态的检查步骤。

（1）安装防护五件套。拉起驻车制动操纵杆，当听到咔哒响起第一次前，观察组合仪表板上的指示灯“A”处是否亮起，如图7-9所示。

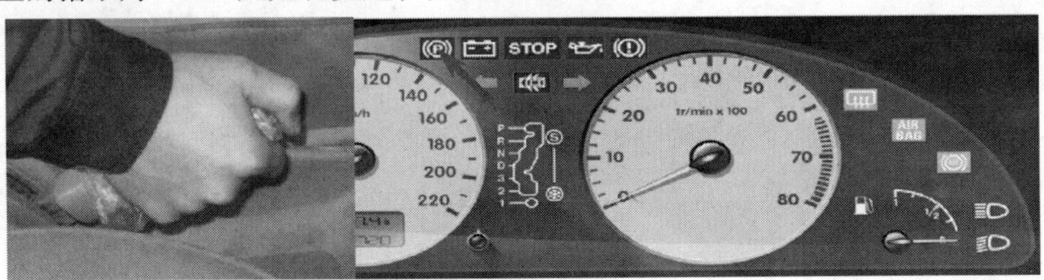

图7-9　拉起驻车制动杆，观察仪表板

（2）拉起驻车制动操纵杆，数咔哒声次数，标准值应为9～11次。

三、评价与反馈

对本学习任务进行评价，填写表7-1。

评价与反馈表　　表7-1

考核项目	评分标准	分数	学生自评	小组互评	教师评价	小计
团队合作	是否和谐	5				
活动参与	是否积极主动	5				
安全生产	有无安全隐患	10				
现场5S	是否做到	10				
任务方案	是否正确合理	15				
操作过程	会正确测量踏板高度； 会正确检查驻车制动器	30				

续上表

考核项目	评分标准	分数	学生自评	小组互评	教师评价	小计
任务完成情况	是否圆满完成	5				
工具和设备使用	是否规范标准	10				
劳动纪律	是否严格遵守	5				
工单填写	是否完整规范	5				
总　分		100				
教师签名			得分			

四、学习拓展

1.请你查阅资料，叙述采用液压制动助力器的汽车怎样检查制动助力器的状态。

2.查阅资料，说明制动踏板高度怎样调整。

学习任务八 盘式制动器的维护

学习目标

◎完成本学习任务后，你应当能：

1.知道盘式制动器的基本构造；

2.了解盘式制动器的检查流程；

3.进行盘式制动器的维护。

建议完成本任务的时间为2课时。

学习任务描述

一辆新爱丽舍轿车达到维护里程，到4S店做维护，车主反映，该车在制动时感觉制动踏板很“硬”。请你针对这一现象对该车进行维护。

学习内容

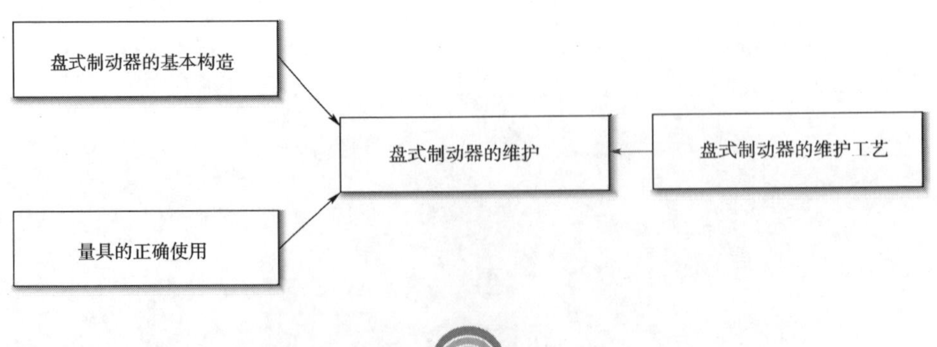

一、资料收集

引导问题 1 盘式制动器有哪些种类?

盘式制动器主要有钳盘式和全盘式两种，现代汽车上应用最多的就是钳盘式制动器，它的旋转元件是制动盘，固定元件是制动钳。而根据制动钳的运动方式又可分为定钳盘式制动器、浮动钳盘式制动器。其中，浮动钳盘式制动器应用更广。

引导问题 2 爱丽舍轿车前轮制动器采用什么样的制动器?

爱丽舍轿车前轮制动器采用的是浮动钳式盘式制动器。

引导问题 3 浮动钳式盘式制动器的组成和工作原理。

浮动钳盘式制动器结构原理如图8-1所示。

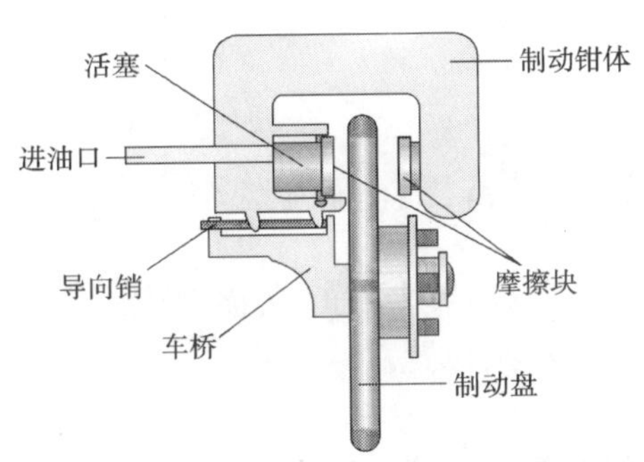

图8-1 浮钳盘式制动器结构原理

制动钳体通过导向销与车桥相连，可以相对于制动盘轴向移动。制动钳体只在制动盘的内侧设置油缸，而外侧的制动块则附装在钳体上。

制动时，液压油通过进油口进入制动油缸，推动活塞及其上的摩擦块向右移动，并压到制动盘上，并使得油缸连同制动钳体整体沿销钉向左移动，直到制动盘右侧的摩擦块也压到制动盘上夹住制动盘并使其制动。

引导问题 4 什么是端面圆跳动公差带?

端面圆跳动公差带定义：端面圆跳动公差带是在与基准轴线同轴的任一半径位置的测量圆柱面上沿母线方向距离为公差值t的两圆之间的区域。当被测件绕基准轴线无轴向移动旋转一周时，在被测面上任一测量直径处的轴向跳动量均不得大于公差值t。

二、实施作业

引导问题 5　作业需要哪些工具、设备和材料？

（1）普通工具：直尺、百分表和磁性座、千分尺、钢丝钩、梅花扳手、扭力杆和接杆套筒，如图8-2所示。

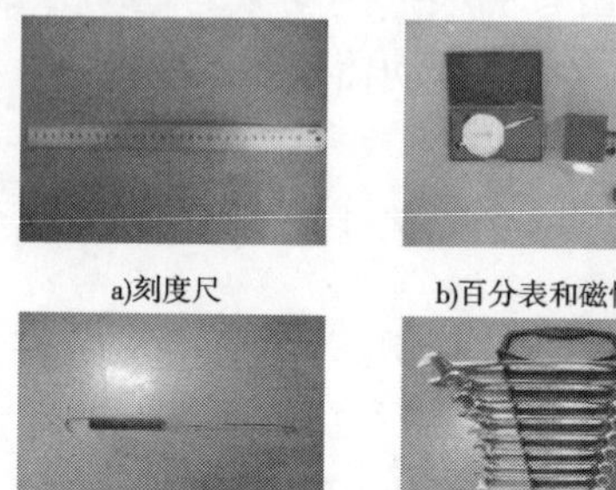

a)刻度尺　b)百分表和磁性表座　c)千分尺

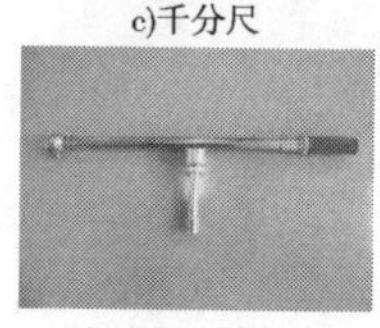

d)钢丝钩　e)梅花扳手　f)扭力杆和接杆套筒

图8-2　作业所需工量具

（2）举升机与爱丽舍轿车。

（3）爱丽舍轿车维修手册。

引导问题 6　作业前的准备工作有哪些？

（1）汽车进入工位前，将工位清理干净，准备好相关的器材。

（2）将汽车停驻在举升机中央位置。

（3）安装防护五件套。

（4）拉紧驻车制动器操纵杆，并将变速杆置于空挡或驻车挡（P挡）位置。

（5）将车辆举升至中位（半人高的位置），拆下轮胎，如图8-3所示。

图8-3　举升车辆至中位

引导问题 7 爱丽舍轿车前轮制动器的维护步骤有哪些?

1 拆卸盘式制动器(左前)

(1)用13mm的梅花扳手将制动卡钳螺栓旋松，如图8-4所示。

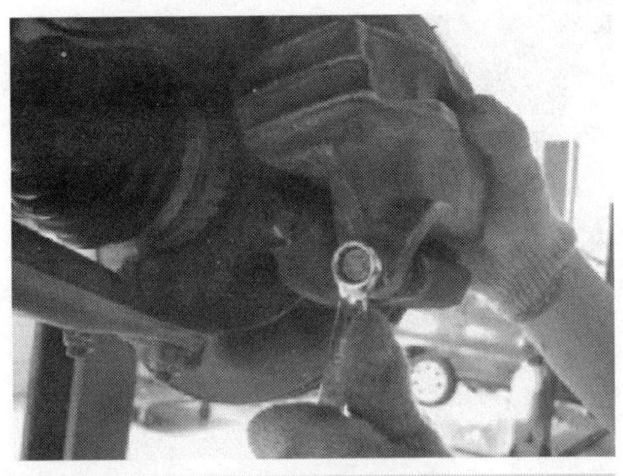

图8-4 拧松制动卡钳螺栓

注意：

操作过程中不可用力太猛，可将制动盘向左转动一定角度，以方便操作。

(2)用手将拧松的制动卡钳螺栓旋出来，如图8-5所示。

(3)将制动卡钳螺栓和13mm梅花扳手放在工具车上，如图8-6所示。

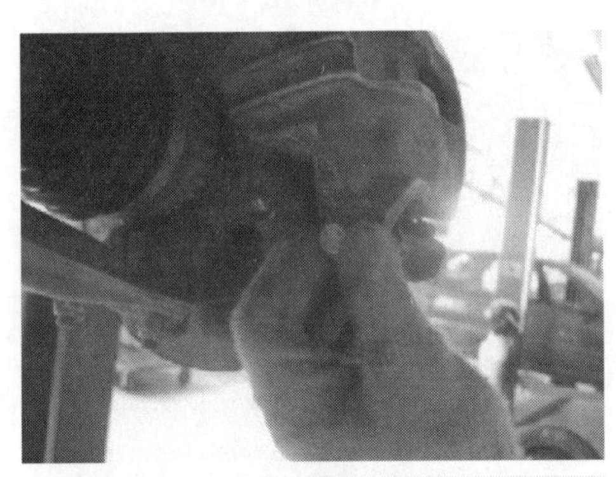

图8-5 拆卸制动卡钳螺栓

图8-6 将制动卡钳螺栓放在工具车上

(4)用S形钢丝钩勾起制动卡钳，如图8-7所示。

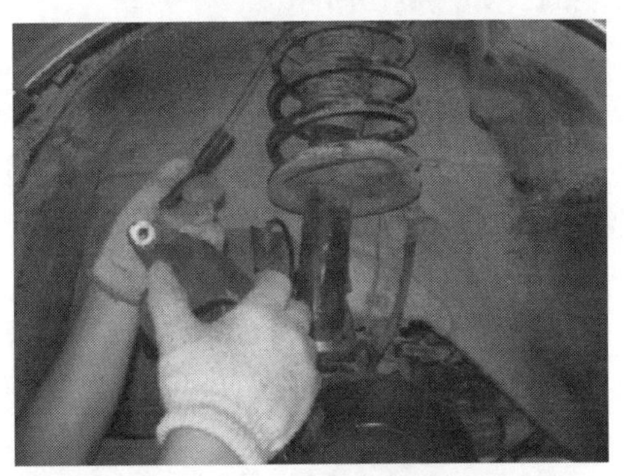

图8-7 勾住制动卡钳

注意：

向上掀起制动轮缸，用一根S形钢丝钩将制动轮缸的一端勾住，另一端则勾在螺旋弹簧上。

（5）双手将摩擦片从制动盘上取下，放到工具车上，如图8-8所示。

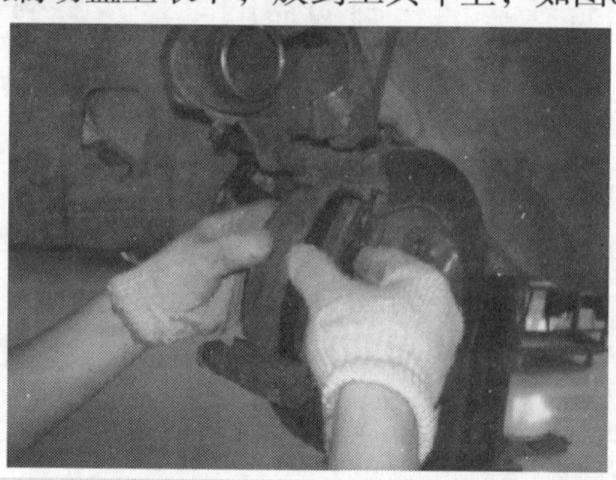

图8-8　取下摩擦片

2 摩擦片的检查

（1）用钢直尺检查摩擦片厚度，如图8-9所示。

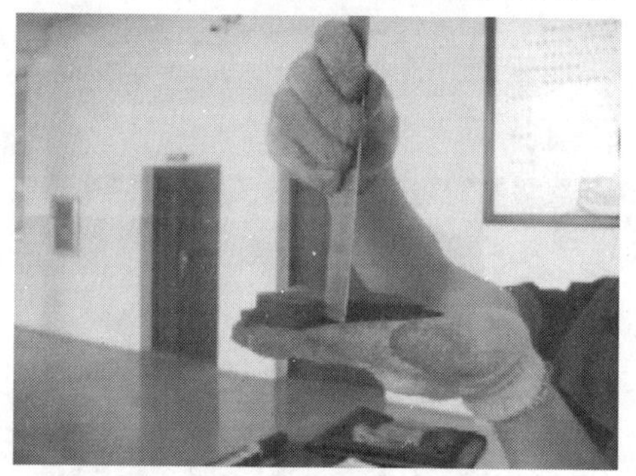

图8-9　检查摩擦片厚度

注意：

检查前先用砂纸清洁摩擦片表面。

测量四个点，标准值13mm，极限值2mm。

（2）用同样的方法检查另一块摩擦片。如果发现有一侧摩擦片厚度小于极限值，应及时更换摩擦片。

3 检查制动盘厚度

（1）从工具车中取出外径千分尺，清洁千分尺表面，如图8-10所示。

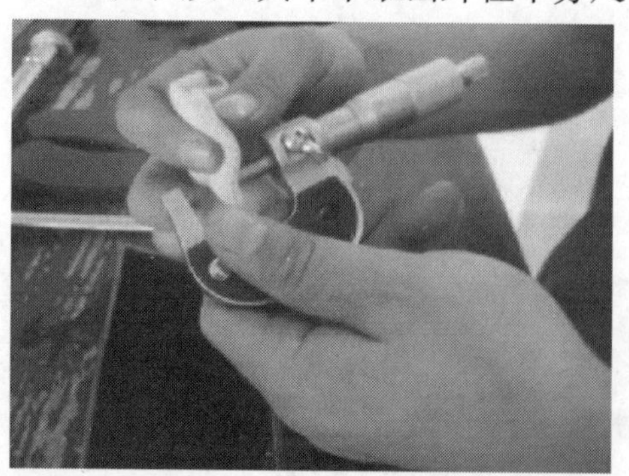

图8-10　清洁千分尺

注意：

选用0~25mm的千分尺。

（2）对千分尺进行校零操作，以保证测量精度，如图8-11所示。

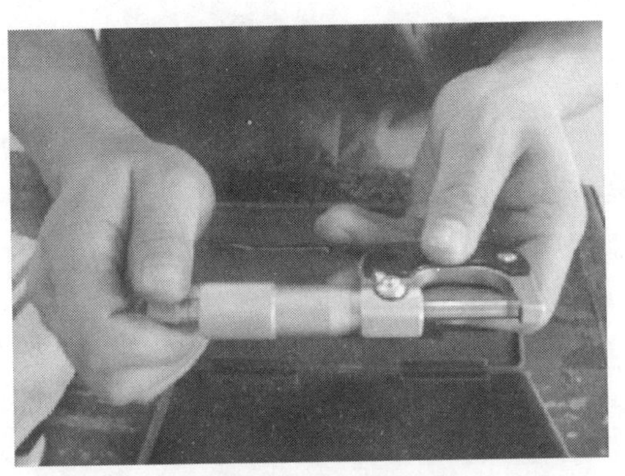
图8-11　千分尺校零

注意：

如果不能归零，则应调零后再进行测量。

（3）用粉笔在制动盘上作测量点记号，以便测量，如图8-12所示。

图8-12　在制动盘上作记号

注意：

每个测量点之间间隔120°。

（4）将千分尺旋开，使其间距大于制动盘厚度，以便于测量，如图8-13所示。

图8-13　准备测量制动盘厚度

（5）每隔120°测量制动盘厚度，并与标准值进行比较，如图8-14所示。

图8-14　车轮制动盘厚度

注意：

测量位置在距离制动盘边缘10mm处。制动盘最大磨损厚度为2mm。

（6）测量完成后，清洁千分尺测量面，再将千分尺归零，然后再次清洁千分尺表面，将其放回盒内，如图8-15所示。

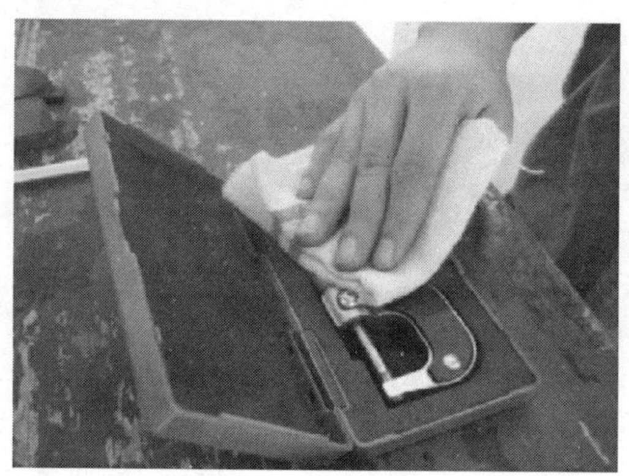

图8-15　清洁千分尺

4　检查制动盘跳动量

（1）利用车轮紧固螺栓将制动盘与轮毂固定，螺栓拧紧力矩为90N·m，如图8-16所示。

图8-16　拧紧轮胎螺栓

注意：

每个轮胎螺栓的拧紧力矩相等，保证制动盘表面受力平衡。

（2）将测量用磁性表座从工具车中取出，如图8-17所示。

图8-17　取出磁性表座

注意：

在工具车上安装好磁性表座，两个支撑杆之间尽可能保持垂直。

（3）将磁性表座安装到相应的减振器外壳上，调整到合适位置放置稳定后，打开磁性开关，如图8-18所示。

图8-18　安装磁性表座

注意：

磁性表座可以安装在减振器处，也可安装在三角臂上。

（4）从工具车中取出百分表，用手顶一下百分表探针，检查能否归零，如不正常则需调整，如图8-19所示。

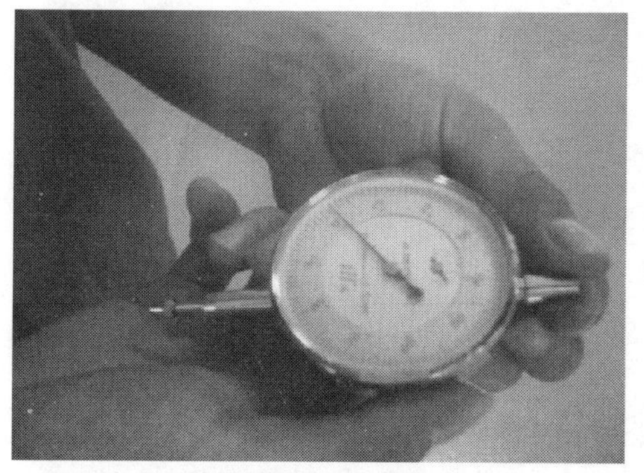
图8-19　检查百分表

注意：

百分表操作应该轻拿轻放，因为用力过度会造成百分表的损坏。

（5）将百分表安装到磁性表座上，调整好测量点，如图8-20所示。

图8-20　安装百分表

注意：

将百分表探针与制动盘测量点保持垂直状态，测量点距离制动盘边缘10mm，百分表需要预留1~2圈，指针归零后固定百分表。

（6）双手握住轮胎螺栓，转动制动盘，观察百分表指针的摆动情况，以最大的摆动量为准，并读出制动盘跳动量，如图8-21所示。

图8-21　转动制动盘测量跳动量

注意：

制动盘跳动量标准值≤0.1mm。

（7）测量完成后，拆下百分表，清洁后装回盒子里，如图8-22所示。

（8）松开磁性表座开关，将磁性表座从车上取下，如图8-23所示。

图8-22　收回百分表

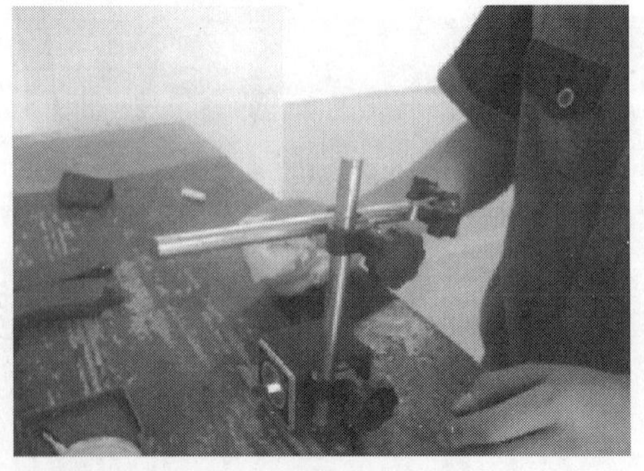
图8-23　取下磁性表座

（9）将磁性表座拆下，清洁后放回原位，如图8-24所示。

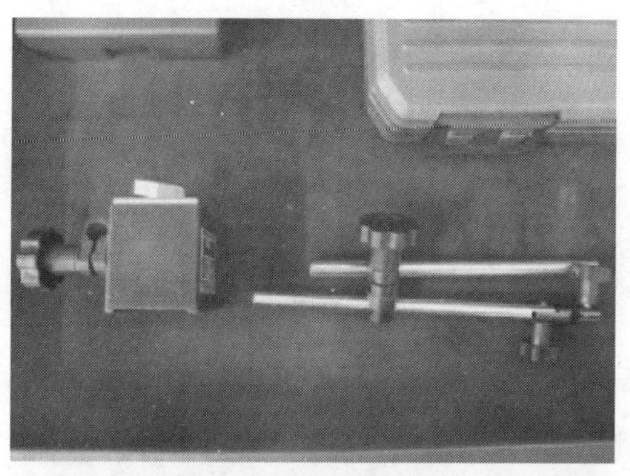
图8-24　将磁性表座还原

注意：

百分表及磁性表座属于精密测量仪器，应当保证其清洁。

（10）将四个轮胎螺栓从制动盘上拆下，放置在工具车上，如图8-25所示。

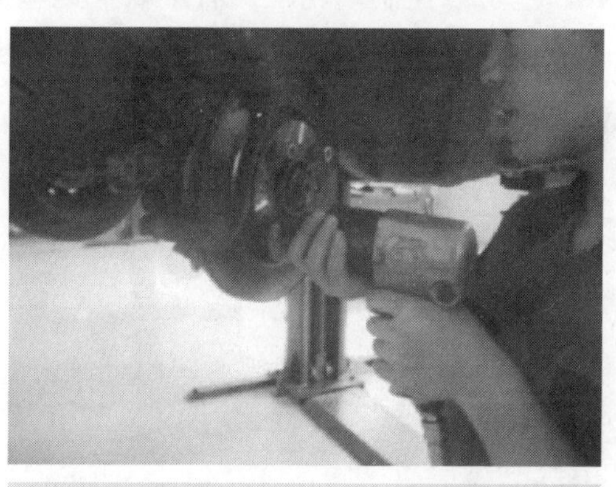
图8-25　拆卸轮胎螺栓

注意：

用气动扭力扳手拆卸轮胎螺栓应该使用最小挡位。

5 安装摩擦片

（1）将摩擦片从工具车上拿出，左手拿内侧摩擦片，右手拿外侧摩擦片，如图8-26所示。

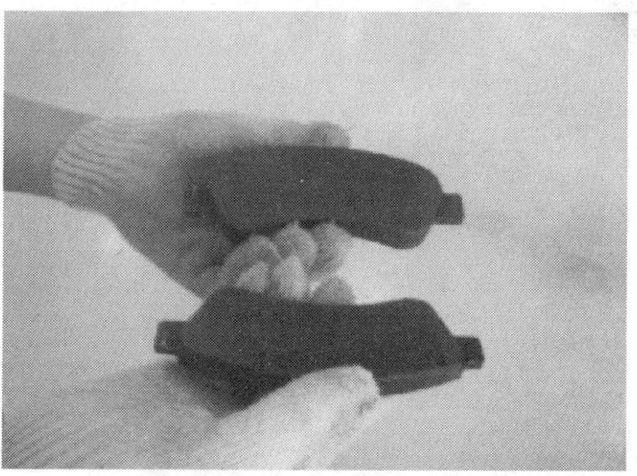
图8-26　拿起摩擦片

（2）安装内外摩擦片，如图8-27所示。

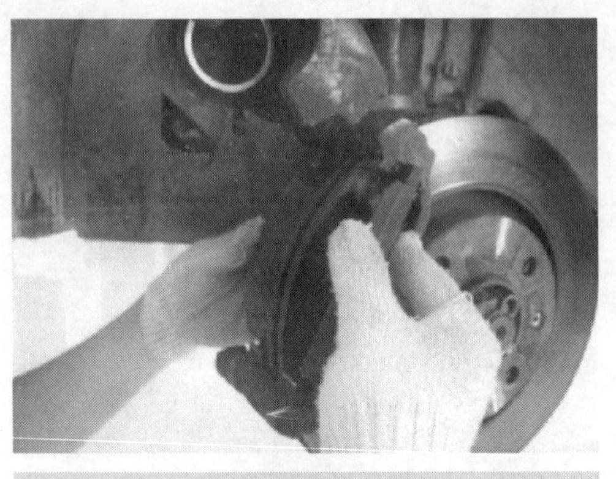

图8-27　安装摩擦片

注意：

安装摩擦片时注意内外摩擦片不能装错。

（3）将固定制动轮缸的钢丝钩从减振器上取下。左手拿住制动轮缸，右手取下钢丝钩，如图8-28所示。

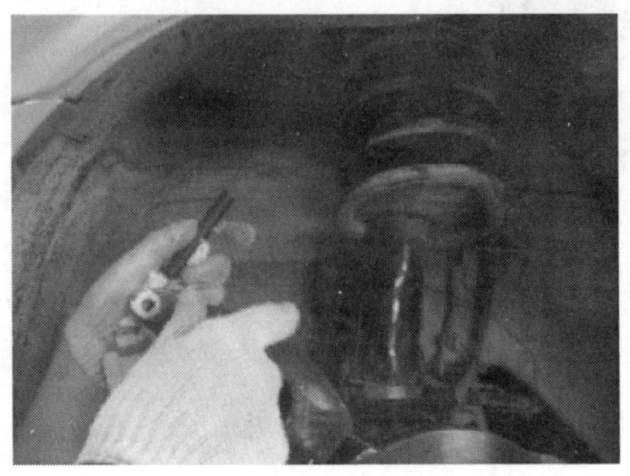

图8-28　取下S形钢丝钩

（4）检查制动轮缸是否有泄漏情况，如图8-29所示。

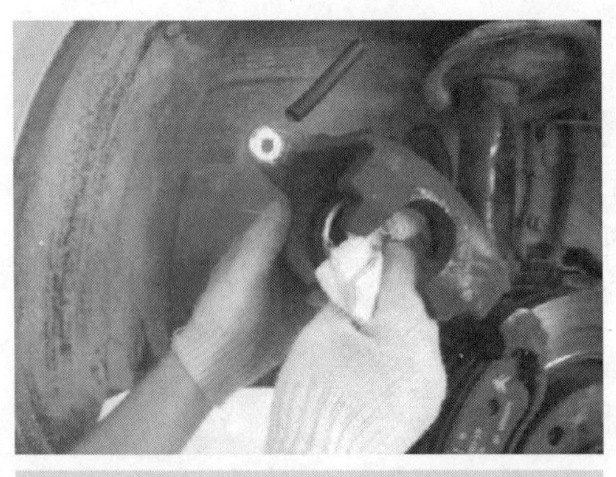

图8-29　检查制动轮缸泄漏

注意：

用抹布清洁后，用手触摸制动轮缸工作面，检查泄漏情况。

（5）将制动轮缸放下，安装到规定位置，如图8-30所示。

图8-30　安装制动轮缸

注意：

安装时如果遇到制动轮缸不能复位，需用专业工具使制动轮缸复位。

（6）将制动卡钳紧固螺栓安装到规定位置，如图8-31所示。

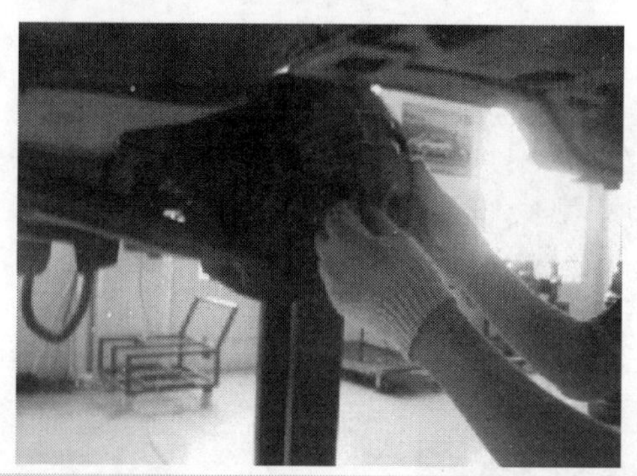
图8-31　安装制动卡钳螺栓

（7）从工具车上取出可调式扭力扳手，调到规定值用13mm套筒将制动卡钳螺栓紧固，如图8-32所示。

图8-32　紧固制动卡钳螺栓

注意：

制动卡钳螺栓拧紧力矩标准值为27N·m。

6 车轮的临时安装

（1）从轮胎架上抱起轮胎，安装到制动盘上，如图8-33所示。

图8-33　安装左前轮

注意：

双手只能抱住轮胎外侧。

（2）将最上方轮胎螺栓装到车轮上。如果不好装，可要求另一名学生配合安装，如图8-34所示。

图8-34　安装左前轮螺栓

注意：

安装最上方轮胎螺栓，用手拧数圈。

（3）将其他轮胎螺栓按照交叉对角的方式，安装到轮胎上，如图8-35所示。

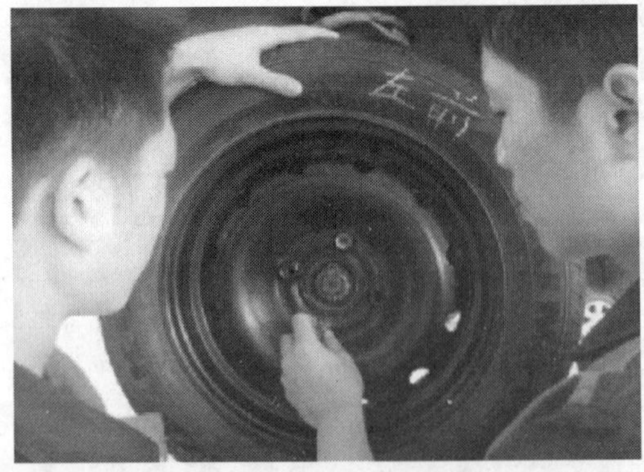

图8-35　对角安装轮胎螺栓

（4）从工具车上取出接杆、棘轮扳手和套筒装好，按照上下左右的顺序临时紧固轮胎螺栓，如图8-36所示。

图8-36　拧紧车轮螺栓

注意：

安装轮胎螺栓时最好不用气动扭力扳手。

右前盘式制动器的检查与左前盘式制动器检查相同，检查完毕后降下车辆至车轮接触地面，用扭力扳手紧固轮胎螺栓至90N·m。

三、评价与反馈

对本学习任务进行评价，填写表8-1。

评价与反馈表　　表8-1

考核项目	评分标准	分数	学生自评	小组互评	教师评价	小计
团队合作	是否和谐	5				
活动参与	是否积极主动	5				
安全生产	有无安全隐患	10				
现场5S	是否做到	10				
任务方案	是否正确合理	15				
操作过程	会正确测量摩擦片的厚度； 会正确测量制动盘的跳动量； 会正确拆装盘式制动器	30				
任务完成情况	是否圆满完成	5				
工具和设备使用	是否规范标准	10				
劳动纪律	是否严格遵守	5				
工单填写	是否完整规范	5				
	总　分	100				
教师签字				得分		

四、学习拓展

1.查阅相关资料或实地观察，说出丰田卡罗拉轿车使用的是哪种盘式制动器。

2.查阅相关资料，说明丰田卡罗拉盘式制动器维护工艺和爱丽舍轿车有何异同。

学习任务九

鼓式制动器的维护

学习目标

◎完成本学习任务后，你应当能：

1.知道鼓式制动器的基本构造；

2.了解鼓式制动器检查的流程；

3.进行鼓式制动器的维护。

建议完成本任务的时间为2课时。

学习任务描述

一辆新爱丽舍轿车达到维护里程，到4S店做维护，车主反映，该车在制动时感觉制动踏板很“硬”。请你针对这一现象对该车进行维护。

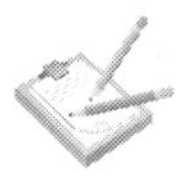

学习内容

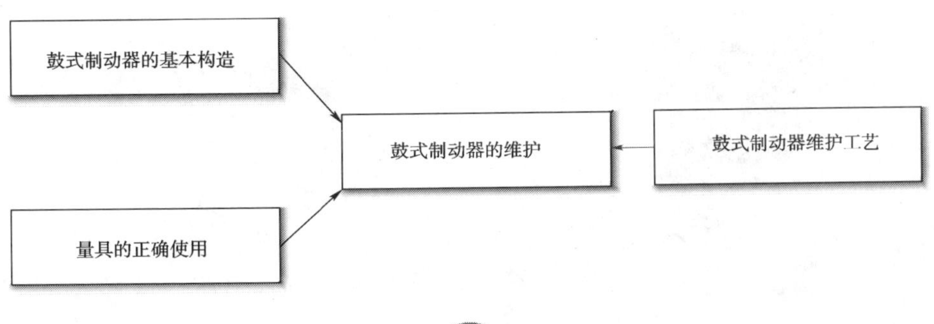

一、资料收集

引导问题 1　鼓式制动器有哪些种类？

根据制动时两制动蹄对制动鼓径向力的平衡状况，鼓式车轮制动器分为非平衡式、平衡式(单向助势、双向助势)和自动增力式三种。

1　非平衡式车轮制动器

其基本结构为：制动底板用螺栓固定在后桥壳的凸缘上(前桥在转向节凸缘上)不能转动；其上部装有制动轮缸或凸轮，下端装有两个偏心支承销。制动蹄下端圆孔活套在偏心支承销上，上端嵌入制动轮缸活塞凹槽中或顶靠在凸轮上；两制动蹄通过复位弹簧紧压轮缸活塞或凸轮；制动鼓与轮毂连接，随着车轮同步旋转。

2　平衡式车轮制动器

（1）单向助势平衡式车轮制动器。

两制动蹄各用一个单向活塞制动轮缸，且前后制动蹄与轮缸、调整凸轮等部件在制动鼓上的位置都是中心对称的。当汽年前进制动时，两制动蹄都是助势蹄；当汽车倒退时，两蹄都是减势蹄，导致前进制动效能提高，倒退制动效能降低。

（2）双向助势平衡式车轮制动器。

制动底板上所有固定元件、制动蹄、制动轮缸、复位弹簧等都是成对地对称位置，两制动蹄的两端采用浮式支承，且支点在周向位置浮动，用复位弹簧拉紧。

（3）自动增力式制动器。

自动增力式车轮制动器增力原理是将两蹄用推杆浮动铰接，利用传力机件的张开力使两蹄产生助势作用。另外，还充分利用前蹄的助势作用推动后蹄，使总的摩擦力矩进一步增大，即“增力”。

引导问题 2　爱丽舍轿车后轮制动器的组成。

爱丽舍轿车后轮制动器主要由制动底板、制动蹄、制动鼓等组成，如图9-1所示。

图9-1　爱丽舍轿车的后制动器

二、实施作业

引导问题3 作业需要哪些工具、设备和材料?

（1）普通工具：扭力扳手、游标卡尺和一字螺丝刀，如图9-2所示。

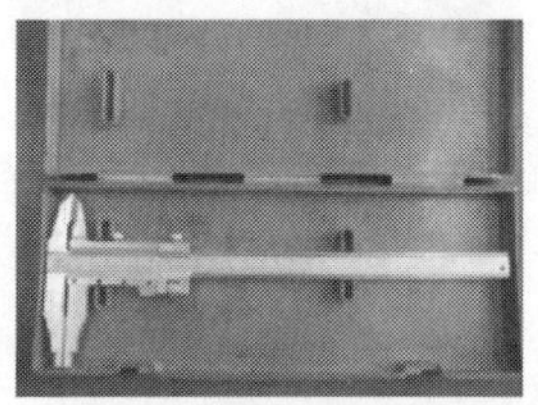
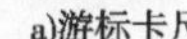
a)游标卡尺

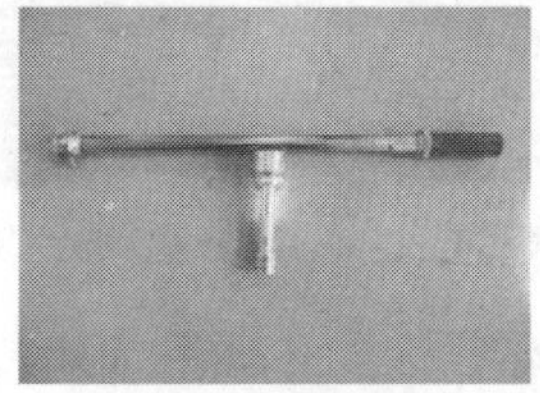
b)扭力杆和接杆套筒

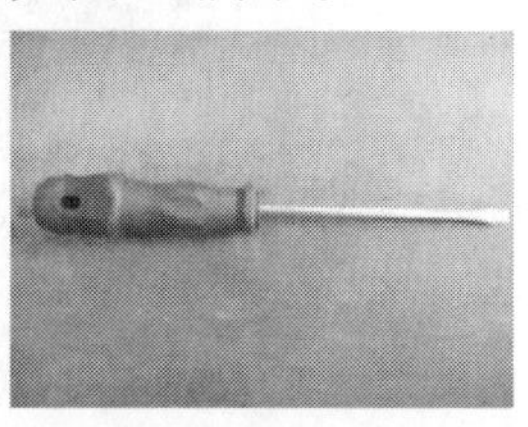
c)一字螺丝刀

图9-2 作业所需工量具

（2）举升机和爱丽舍轿车。
（3）爱丽舍轿车维修手册。

引导问题4 作业前的准备工作有哪些?

（1）汽车进入工位前，将工位清理干净，准备好相关的器材。
（2）将汽车停驻在举升机中央位置。
（3）拉紧驻车制动器操纵杆，并将变速杆置于空挡或驻车挡（P挡）位置。
（4）安装防护五件套。
（5）举升车辆至中位，并拆下后轮，如图9-3所示。

图9-3 车辆在中位并拆卸后轮

引导问题5 鼓式制动器的检查和调整步骤有哪些?

1 拆卸制动鼓

（1）用一字螺丝刀将后轮制动鼓防尘罩取下，如图9-4所示。

图9-4　拆卸左后制动鼓防尘罩

（2）用扭力扳手将后轮毂轴螺母拧松并拆下，如图9-5所示。

图9-5　拧松后轮毂轴螺母

注意：

由于后轴轮毂轴螺母拧紧力矩大，因此需要用大量程的扭力扳手。

（3）用双手将制动鼓从车上拿下，放在工具车上，如图9-6所示。

图9-6　放好制动鼓

注意：

拆卸制动鼓时防止垫片掉落。

2　检查制动蹄片厚度

（1）清洁游标卡尺，对其进行校零，如图9-7所示。

图9-7　清洁游标卡尺

（2）检查制动蹄片厚度，如图9-8所示。

图9-8　检查制动蹄片厚度

注意：

新制动蹄片厚度为4.75mm；磨损允许最小厚度为1mm。

（3）检查后清洁游标卡尺，如图9-9所示。

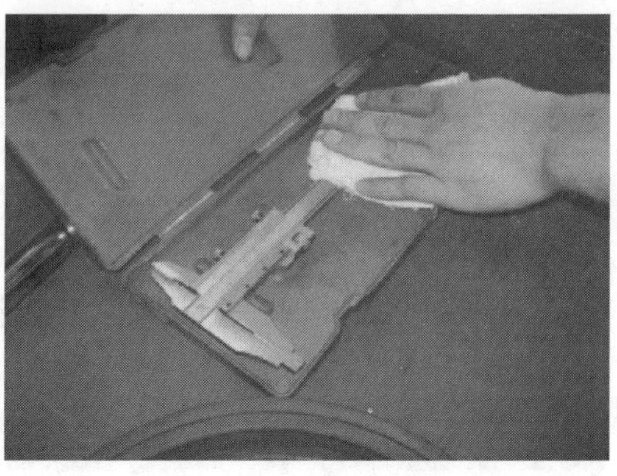

图9-9　清洁游标卡尺

3 检查制动鼓

（1）用游标卡尺检查制动鼓直径，如图9-10所示。

图9-10　测量制动鼓直径

注意：

标准直径为180mm，磨损后允许最大直径为182mm。

（2）检查制动鼓是否有异常磨损，如图9-11所示。

图9-11　检查制动鼓有无异常磨损

注意：

如果发现制动鼓有异常磨损应及时更换。

（3）用砂纸打磨制动鼓后清理干净，如图9-12所示。

图9-12　清洁制动鼓

4 检查制动轮缸密封性

检查制动轮缸是否有泄漏，如图9-13所示。

图9-13　检查制动轮缸

注意：

用抹布清理干净后检查是否泄漏。

5 检查自动调整间隙功能，如图9-14所示

图9-14　检查自动调整杆

注意：

用一字螺丝刀将自动调整杆调到最小，检查是否有锈蚀，卡滞现象；自动调整杆调到最小便于制动鼓的安装。

6 安装制动鼓

（1）双手将制动鼓拿起，安装到后轴上，如图9-15所示。

图9-15　安装制动鼓

注意：

安装时不可磕碰后轮毂轴螺纹。

（2）从工具车上拿起后轮毂轴螺母，安装在后轴上，如图9-16所示。

图9-16　安装后轮毂轴螺母

（3）用扭力扳手安装后轮毂轴螺母，如图9-17所示。

图9-17　拧紧后轮毂轴螺母

注意：

后轮毂轴螺母拧紧扭力矩为200N·m。

7 车轮的临时安装

（1）从轮胎架上抱起轮胎，安装到制动鼓上。
（2）将最上方轮胎螺栓装到车轮上。
（3）将其他轮胎螺栓按照交叉的方法，安装到轮胎上。

左后轮鼓式制动器检查方法与此相同，检查完毕后降下车辆至车轮接触地面，用扭力扳手紧固轮胎螺栓至90N·m。

三、评价与反馈

对本学习任务进行评价，填写表9-1。

评 价 与 反 馈 表　　表9-1

考核项目	评分标准	分数	学生自评	小组互评	教师评价	小计
团队合作	是否和谐	5				
活动参与	是否积极主动	5				
安全生产	有无安全隐患	10				
现场5S	是否做到	10				
任务方案	是否正确合理	15				
操作过程	会正确拆卸制动鼓； 会正确测量制动鼓； 会正确测量制动蹄片	30				
任务完成情况	是否圆满完成	5				
工具和设备使用	是否规范标准	10				
劳动纪律	是否严格遵守	5				
工单填写	是否完整规范	5				
总　分		100				
教师签名				得分		

四、学习拓展

1. 请你查阅相关资料或实地观察，说出丰田卡罗拉轿车使用的是哪种鼓式制动器。

2.请你查阅相关资料，说明丰田卡罗拉轿车鼓式制动器维护工艺和爱丽舍轿车鼓式制动器维护工艺有何异同。

项目六

蓄电池的维护

学习任务十

蓄电池的检查与更换

学习目标

◎完成本学习任务后，你应当能：

1.正确检测蓄电池的技术状况；

2.安全进行蓄电池的更换；

3.根据相应要求查阅相关资料。

建议完成本任务的时间为2课时。

学习任务描述

一辆爱丽舍轿车不能正常起动，怀疑是蓄电池的问题。请你进行相关的检查并进行相关维护。

学习内容

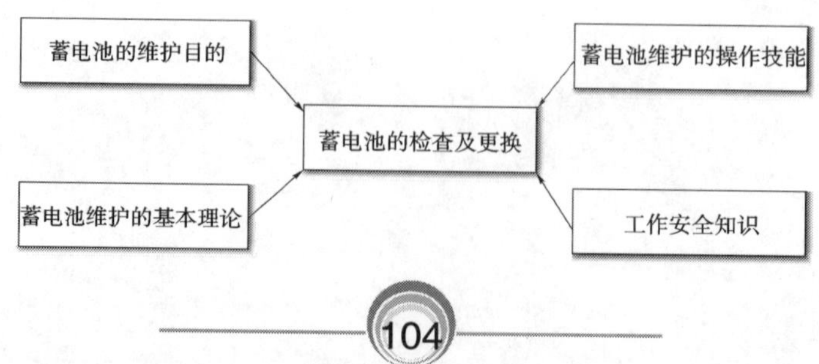

一、资料收集

引导问题 1 蓄电池在汽车上的作用是什么？

蓄电池在汽车上的作用主要有：

（1）发动机起动时，向起动机和点火系统供电；

（2）发动机低速运转时，向用电设备和发电机磁场绕组供电（应用中应避免）；

（3）发动机运转时，将发电机剩余电能转化为化学能储存起来；

（4）发电机过载时，协助发电机向用电设备供电；

（5）蓄电池相当于一个大电容器，能吸收电路中出现的瞬时过电压，保护电子元件，保持汽车电器系统电压稳定。

引导问题 2 对汽车用蓄电池的基本要求有哪些？

汽车用蓄电池最基本的功能是满足起动发动机的需要，即在短时间内（5～10s），可供给起动机以强大的电流。故对汽车用蓄电池的基本要求是：容量大、内阻小、有足够的起动能力和连续供电能力。

引导问题 3 汽车用蓄电池有哪些类型？

目前，燃油汽车上使用的蓄电池主要有两大类：铅酸蓄电池（以下简称铅蓄电池）和镍碱蓄电池。

铅蓄电池又可以分为普通铅蓄电池、干荷电铅蓄电池、湿荷电铅蓄电池和免维护铅蓄电池。

由于人们对燃油汽车排放要求的提高和能源危机的冲击，各国正在不断探索和研制电动汽车，其主要的动力源为新型高能蓄电池。

引导问题 4 蓄电池的型号。

按机械工业部颁发的《铅蓄电池产品型号编制方法》（JB 2599—93）标准规定，铅蓄电池的型号分三部分：第一部分,串联的单格电池数（用阿拉伯数字表示）；第二部分，蓄电池的类型和特征（用大写汉语拼音字母表示）；第三部分，蓄电池的额定容量（A·h）和特殊性能（用大写汉语拼音字母表示）。如型号6-QA-60，代表额定电压为12V、额定容量为60A·h的起动型干荷电铅蓄电池。

引导问题 5 蓄电池的基本结构。

蓄电池由单体电池串联而成。每个单体内均装有电解液，插入正、负极板组便成为单

体电池。每个单体电池的标称电压约为2V，将3个或6个单体电池串联后便成为一只6V或12V蓄电池，如图10-1所示。以免维护蓄电池为例，它的电解液由制造厂在出厂前一次性加注，密封在壳体内。因此，电解液不会泄漏和腐蚀机体或接线柱。

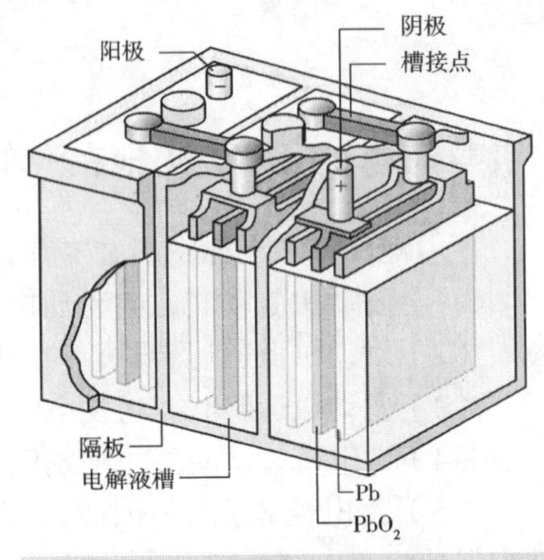

图10-1　免维护蓄电池结构

引导问题 6　蓄电池外观检查项目有哪些?

（1）检查排气孔是否堵塞，应保持排气孔畅通（免维护蓄电池不需检查）。

（2）检查电缆、接线柱是否存在氧化、腐蚀现象，电缆与接线柱的连接是否紧固。如松动应进行紧固。

对氧化、腐蚀的电缆和接线柱的处理方法：

将电缆从蓄电池接线柱上拆下，用钢丝刷分别将电缆和接线柱上的腐蚀物及氧化层除去，使电缆和接线柱洁净，并涂上润滑脂后连接。

（3）对明显极柱腐蚀、壳体漏液(如连续渗漏、滴注)的蓄电池直接进行更换。对疑似极柱腐蚀、壳体漏液的蓄电池将电缆和接线柱上的腐蚀物、氧化层及周边表面清除干净，涂上润滑脂后重新正确连接；使用2周后再次检查，若有腐蚀则更换，并用记号笔将漏液部位圈起来。

严格、认真判断蓄电池的极柱是否腐蚀和壳体是否漏液，一定要将油或水的污迹区别开来。漏液蓄电池应同时伴有金属件的腐蚀或壳体表面有白色的小晶体。

涂在极柱连接端子处的润滑脂在高温(如夏天)下融化后也会形成类似渗漏痕迹，但并不是漏液，如图10-2所示。

a)极柱腐蚀

b)润滑脂熔化

图10-2　极柱腐蚀和润滑脂熔化对比

引导问题 7 检查蓄电池荷电状态需要进行哪些项目？

蓄电池的荷电状态检查主要进行以下项目：

（1）车辆静止状态下测量蓄电池电压≥12.4V；

（2）起动发动机，使转速稳定在2 000r/min，常温下蓄电池电压在14～14.8V 之间时为合格。

二、实施作业

引导问题 8 作业需要哪些工具、设备和材料？

（1）世达150件套和万用表。

（2）防护五件套、翼子板布和前格栅布。

（3）爱丽舍轿车。

引导问题 9 请你指出图10-3中蓄电池的位置，查阅相关资料并填写相关信息。

该蓄电池的型号____________________，各部分的含义是____________________

____

图10-3　爱丽舍轿车蓄电池位置图

引导问题 10 作业前的准备工作有哪些？

（1）汽车进入工位前，将工位清理干净，准备好相关的器材。

（2）将汽车停驻在举升机中央位置。

（3）拉紧驻车制动器操纵杆，并将变速杆置于空挡或驻车挡（P挡）位置。

（4）安装防护五件套。
（5）在车内拉动发动机舱盖手柄，在车外打开并支撑发动机舱盖（图10-4）。
（6）安装翼子板布和前格栅布（图10-5）。

图10-4　支撑发动机舱盖

图10-5　安装翼子板布和前格栅布

引导问题 11 **请你结合上述外观检查的方法进行蓄电池的外观检查，并记录结果。**

（1）电缆、接线柱是否存在氧化、腐蚀现象？　□是　□否
（2）电缆与接线柱的连接是否紧固？　□是　□否
（3）是否存在极柱腐蚀和壳体漏液现象？　□是　□否

引导问题 12 **请你使用万用表就车对蓄电池荷电状态进行检测并判断蓄电池的好坏。**

（1）检查蓄电池极柱，如图10-6所示。

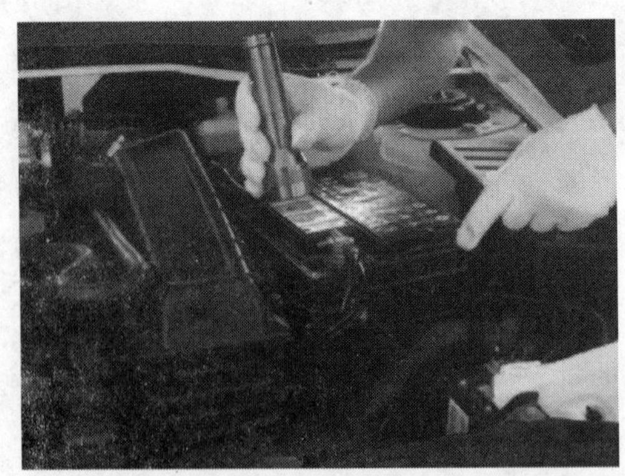
图10-6　检查蓄电池极柱

注意：
　　如果发现蓄电池极柱发生腐蚀应及时清理。

（2）检查蓄电池及线束固定状况，如图10-7所示。

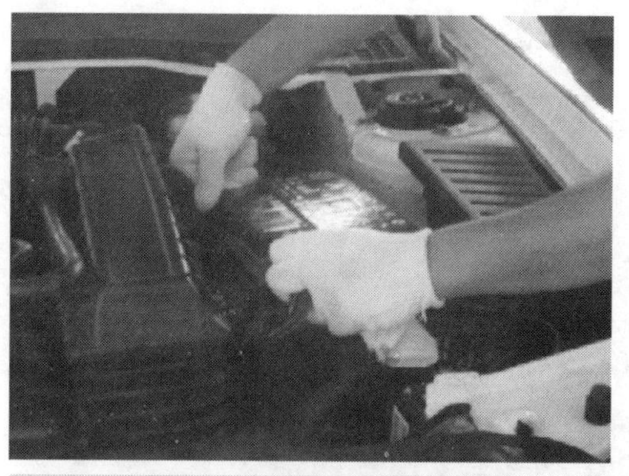

图10-7　检查蓄电池固定状况

注意：

如果发现蓄电池有松动时应当及时紧固。

（3）检查蓄电池是否破损、漏液，如图10-8所示。

图10-8　检查蓄电池外壳

注意：

如果发现蓄电池有破损和泄漏应及时更换蓄电池。

（4）蓄电池电压的检查。

①万用表进行校零，如图10-9所示。

②发动机未起动，常温下测量蓄电池电压应≥12.4V，如图10-10所示。

图10-9　万用表校零

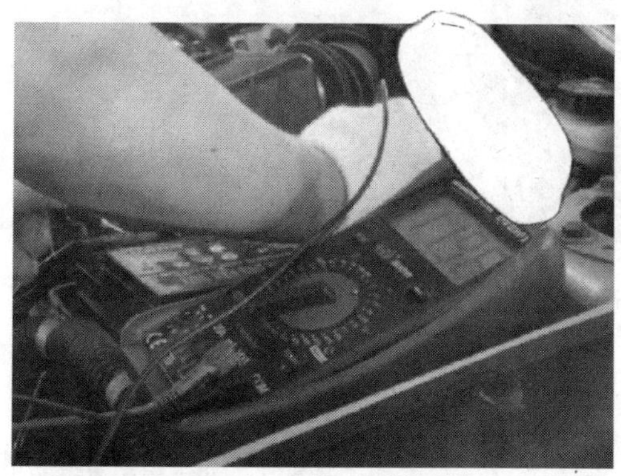

图10-10　测量蓄电池静态电压

③起动发动机，使转速稳定在2 000r/min，测量蓄电池电压U，常温下应为14～14.8V，如图10-11所示。将结果记录至表10-1。

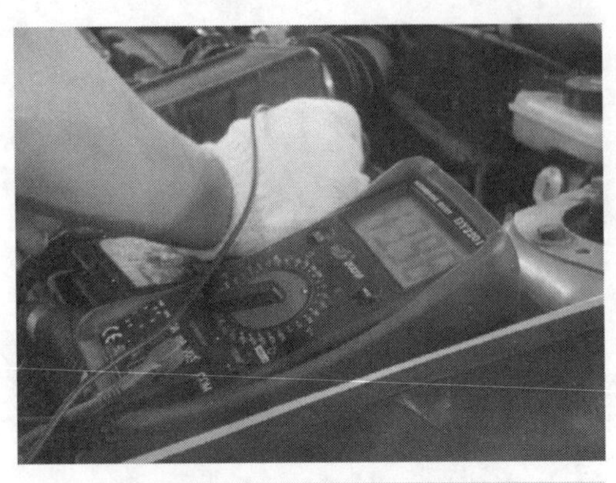

图10-11 测量蓄电池动态电压

注意：

起动发动机前，应该大声询问车外是否安全，外面学生确认安全后喊："车前无障碍物，可以起动"，以确保安全；以测量的电压为准，观察孔颜色仅做参考。

蓄电池荷电状态检测结果表 表10-1

项　目	静 态 电 压	动 态 电 压
检测结果（V）		
蓄电池状态判断		

引导问题 13 怎样更换蓄电池?

蓄电池更换的步骤如下：

（1）确认点火开关处于关闭位置，空调、音响和灯光处于关闭状态，如图10-12所示。

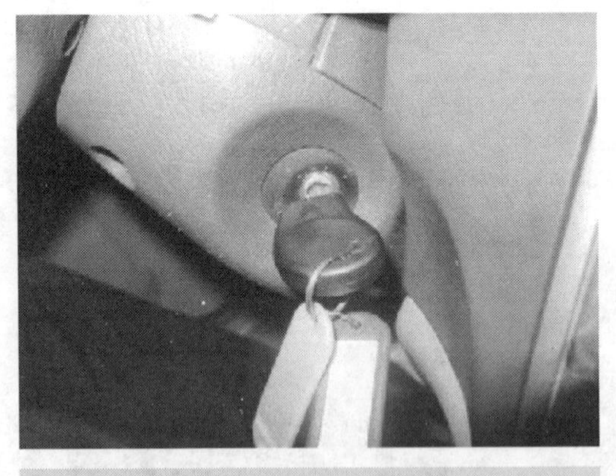

图10-12 点火开关处于关闭状态

注意：

点火开关处于关闭状态，可以防止断开蓄电池和用电器之间的连接时产生的电动势损坏电器元件或电控单元；

对于高档车在断开蓄电池和电气元件的连接前，应提取音响系统和防盗系统的密码，否则会被锁定。

（2）确认负极接线柱，拆下负极接线柱固定螺母，取下负极电缆，并确保离开负极接线柱，如图10-13所示。

（3）确认正极接线柱，拆下正极接线柱固定螺母，取下正极电缆，并确保离开正极接线柱，如图10-14所示。

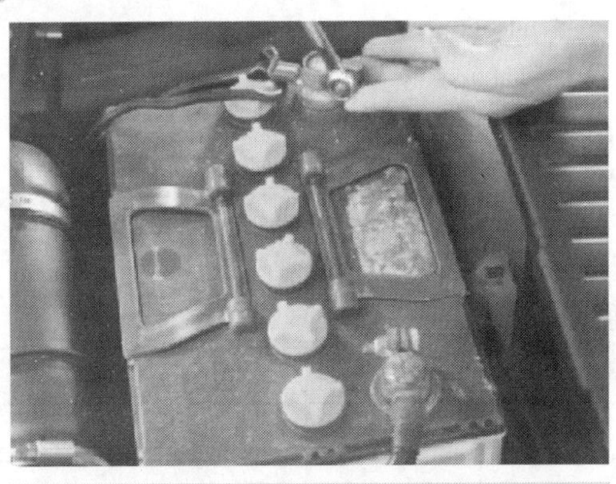
图10-13　拆卸负极接线柱

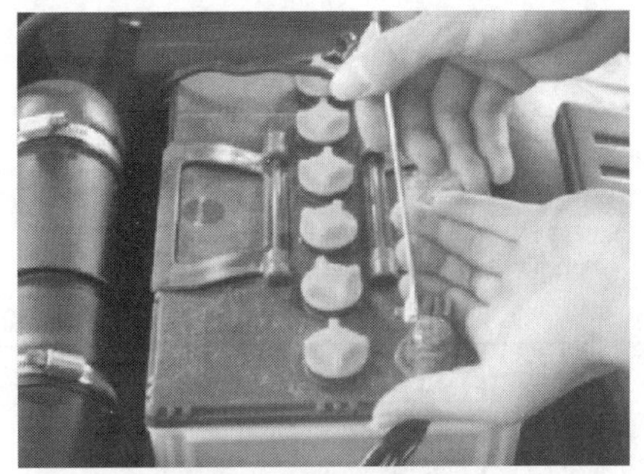
图10-14　拆卸正极接线柱

（4）松开蓄电池固定装置，取下蓄电池放在指定位置（图10-15）。

（5）选择合格的蓄电池，放在蓄电池底座上，确保其进入卡槽，安装蓄电池固定装置，如图10-16所示。

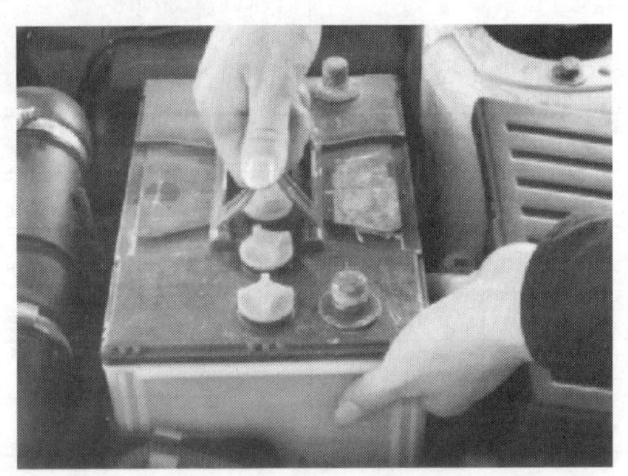
图10-15　取下蓄电池

图10-16　装好蓄电池

（6）安装蓄电池正极电缆，并按照规定力矩扭紧螺母，如图10-17所示。

（7）安装蓄电池负极电缆，并按照规定力矩扭紧螺母，如图10-18所示。

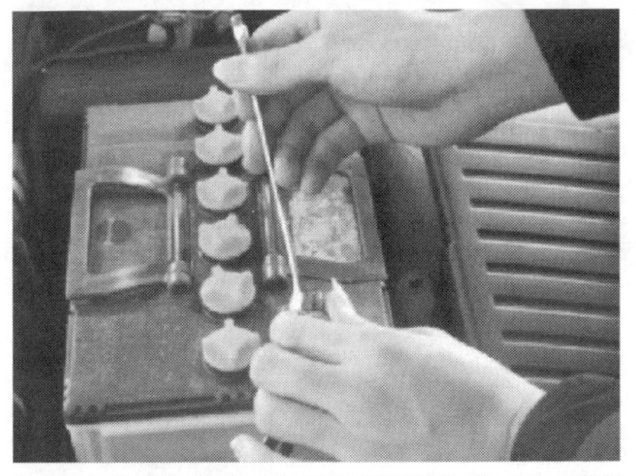
图10-17　安装蓄电池正极

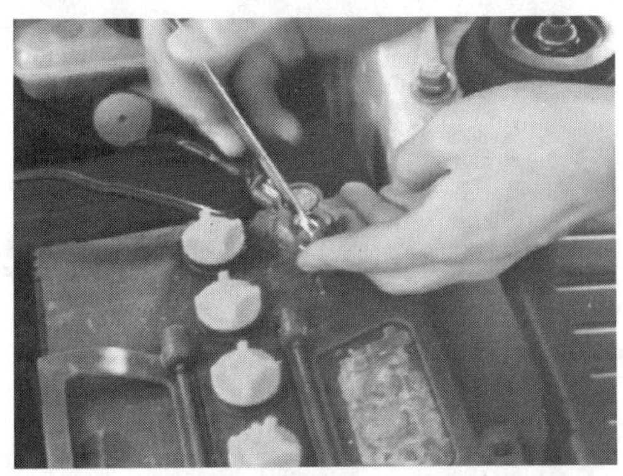
图10-18　安装蓄电池负极

（8）起动发动机，检查蓄电池的连接情况，清理现场。

三、评价与反馈

对本学习任务进行评价，填写表10-2。

评 价 与 反 馈 表　　表10-2

考核项目	评分标准	分数	学生自评	小组互评	教师评价	小计
团队合作	是否和谐	5				
活动参与	是否主动	5				
安全生产	有无安全隐患	10				
现场5S	是否做到	10				
任务方案	是否合理	15				
操作过程	会正确测量蓄电池的静态电压； 会正确测量蓄电池的动态电压； 会进行蓄电池的更换	30				
任务完成情况	是否圆满完成	5				
操作过程	是否标准规范	10				
劳动纪律	是否严格遵守	5				
工单填写	是否完整、规范	5				
总　分		100				
教师签名				得分		

四、学习拓展

1.怎样利用应急蓄电池起动发动机？

2.查阅资料和维修手册，说明蓄电池检测仪MDX-P300是怎样检测蓄电池技术状态的。

学习任务十一

蓄电池的充电模式及充电机的使用

学习目标

◎完成本学习任务后，你应当能：

1.了解蓄电池的充电模式；

2.正确使用充电机；

3.正确进行蓄电池的充电。

建议完成本任务的时间为2课时。

学习任务描述

一辆爱丽舍轿车不能正常起动，怀疑是蓄电池电量不足，需要进行充电，请你进行正确的充电。

学习内容

一、资料收集

引导问题 1　蓄电池常用的充电方法有哪些?

蓄电池常用的充电方法有常规充电和快速充电两种。常规充电方法有定电压充电和定电流充电两种。

1 定电压充电

在充电过程中，加在蓄电池两端的充电电压保持恒定不变的充电方法，称为定电压充电。汽车上的蓄电池与发电机并联，这时对蓄电池的充电即为定电压充电。其特点是充电开始，充电电流很大，随着蓄电池电动势的不断提高，充电电流逐渐减小。充电终了，充电电流将自动减小到零，因而不需要人照管。同时由于定电压法充电速度快，4～5h蓄电池就可获得本身容量的90%～95%，比定电流充电时间大大缩短，所以特别适合对具有不同容量的蓄电池进行充电。其主要缺点是不能调整充电电流，因而不能保证蓄电池彻底充足电；不适合初充电和去硫化充电。

定电压充电，被充蓄电池常采用并联连接法，如图11-1所示。要求各并联支路的单格电压总数相等，但各蓄电池的型号、容量以及放电程度则可不同。

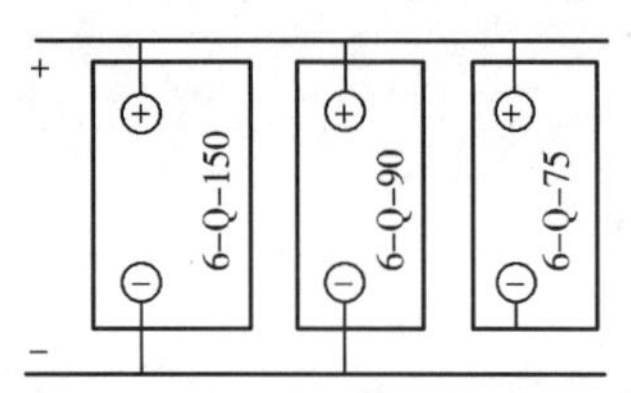

图11-1　蓄电池并联充电连接图

但要注意，并联蓄电池的数量必须按充电设备的最大输出电流来决定。定电压充电，电源电压调整为蓄电池的总单格数乘2.5 (V)为宜。

2 定电流充电

蓄电池在充电过程中，其充电电流保持恒定不变，随着蓄电池电动势的逐步提高，逐步增加充电电压的方法叫定电流充电。当充到蓄电池单格电压升到2.4V(电解液开始冒气泡)时，再将充电电流减小一半后保持恒定，直到蓄电池完全充足。

在充电工作间使用充电机对蓄电池进行充电时，常采用这种定电流充电法。因为它具有较大的适用性，可任意选择和调整电流，适合各种不同条件(新蓄电池的初充电、使用中的蓄电池补充充电以及去硫充电等)下的蓄电池充电，其主要缺点是充电时间长，需经常人工调节充电电流。

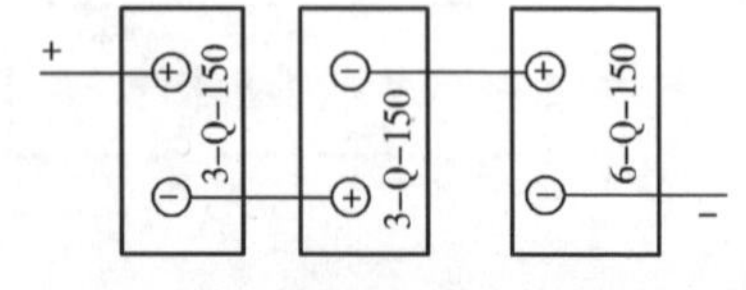

图11-2　蓄电池串联充电连接图

定电流充电时，被充蓄电池常采用串联法，如图11-2所示，即把同容量的蓄电池串联起来接入充电电源。连接后，由于充电时每个单格电池充足电需要提供2.7~2.8V电压，故可按下列公式计算出串联的蓄电池单格总数和电池只数，即：

$$蓄电池总单格数=\frac{充电机的额定电压(V)}{2.7(V)}$$

$$蓄电池的总数=\frac{蓄电池总单格数}{(6V蓄电池单格总数+12V蓄电池单格总数)}$$

如果被充蓄电池的容量大小不等，可按混联方法连接蓄电池（图11-3），也就是在接线前先把被充电的蓄电池按容量与放电程度分组，将额定容量相同且放电程度相同的电池串联起来，并使各串联组内单格电池数相等，然后将各串联组并连接到充电电源上去。所有各串联支路的蓄电池，其容量最好相同，否则电流必须按容量最小的蓄电池来选定，而容量大的蓄电池则不容易充足或充得太慢。

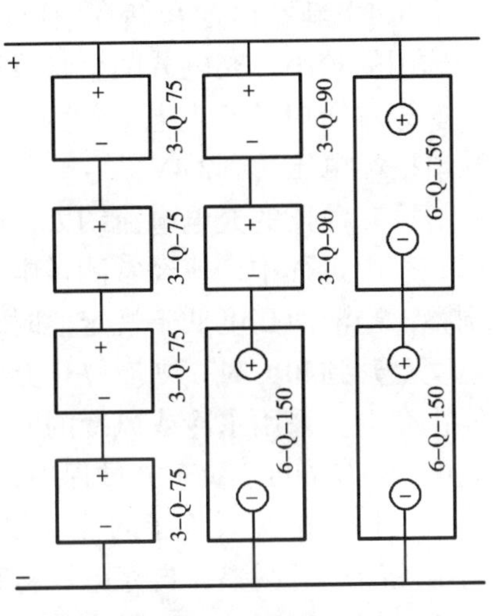

图11-3　蓄电池混联充电连接图

3 脉冲快速充电法

充电初期采用大电流，使电池在较短的时间内达到额定容量的60%左右，当单格电压上升到2.4V，电解液开始分解冒出气泡时，由于控制电路作用，停止大电流充电。

脉冲期，先停充24～40ms，接着再放电或反充，使电池反向通过一个较大的脉冲电流，以消除浓差极化和极板孔隙形成的气泡，然后停放25ms，最后按脉冲期循环充电直到充足。该充电方法显著的特点是充电速度快，即充电时间大大缩短。补充充电仅需几分钟。采用这种方法充电的缺点是由于充电速度快，析出的气体总量虽减少，但出气率高，对极板活性物质的冲刷力强，故使活性物质易脱落，因而对极板的使用寿命有一定影响。下列蓄电池不能进行快速脉冲充电：

（1）未经使用过的新蓄电池；

（2）液面高度不正确的蓄电池；

（3）各单格电解液密度不均匀的蓄电池，各单格电压差大于0.2V；

（4）电解液混浊并带褐色(极板活性物质脱落)；

（5）极板硫化；

（6）充电时电解液温度超过50℃的蓄电池。

引导问题 2　充电的种类有哪些?

1 初充电

新蓄电池或修复后的蓄电池(更换极板)在使用之前的首次充电为初充电。具体操作步

骤如下：

（1）检查蓄电池外壳有无破裂，拧下加液口盖的螺塞，检查通气孔是否畅通。

（2）根据不同季节和气温选择电解液密度，将适当密度温度低于30℃的电解液从加液孔处缓缓加入蓄电池内，液面要高出极板上沿10~15mm。

（3）蓄电池加入电解液后，要静止3~6h，让电解液充分浸渍极板。电解液充分渗透到极板内部后电解液有所减少，液面下降，应再加入电解液把液面调整到规定值。待蓄电池内温度低于30℃时，将充电机与蓄电池相连，准备充电。

（4）新蓄电池在储存中可能有一部分极板硫化，充电时容易过热，所以初充电的电流选用的较小，充电分两个阶段进行。

第一阶段的充电电流约为蓄电池额定容量的1/15，充电至电解液中有气泡析出，蓄电池单格端电压达到2.4V 。

第二阶段的充电电流约为蓄电池额定容量的1/30。

充电过程中，应经常测量电解液的密度和温度。充电初期密度会有所降低，但不需要调整；当液面高度低于规定值时，用相同密度的电解液调至规定值。如果充电时电解液的温度上升到40℃时，则应停止充电或将充电电流减半。如果温度继续上升到45℃时，则应停止充电，采用水冷或风冷的办法进行人工降温，待冷至35℃以下时再继续充电。整个初充电大约需60h，初充电过程中，如减少充电电流则应适当延长充电时间。

①初充电接近终了时，如果电解液密度不符合规定，应用蒸馏水或密度为1.40g/cm^{3}的稀硫酸进行调整，再充电2h，直至蓄电池单格端电压上升到最大值，并在2~3h内不再增加。电解液密度上升到最大值，也在2~3h不再增加，并产生大量气泡，电解液呈“沸腾”状态。这时蓄电池已充满电，应切断电源，以免过充电。

②新蓄电池充满电后，应以20h放电率放电，如3-Q-90型蓄电池以4.5A电流连续放电至单格电压1.75V，再按补充充电的电流值充足，再以20h放电率放电。如果第二次放电时蓄电池容量不小于额定容量的90%，即可进行一次最后充电，便可使用。

放电的方法如下：使充足电的蓄电池休息1~2h，调整可变电阻(或水阻)以蓄电池额定容量的1/20连续放电。放电开始后每隔2h测量一次单格电压，当单格电压降至1.5V时，每隔20min测一次电压，单相电压降到1.75V应立即停止放电。另外，也可以用车用灯泡做负载进行放电。

2 蓄电池的补充充电

蓄电池在使用中，如果发现起动机运转无力，灯光比平时暗淡，冬季放电超过25%，夏季放电超过50%，储存不用已近一个月的普通蓄电池，都必须进行补充充电。另外，由于汽车上使用的蓄电池进行的是定电压充电，不可能使蓄电池充电充足，为了有效防止硫化，最好2~3个月进行一次补充充电。补充充电具体步骤如下：

（1）从汽车上拆下蓄电池，清除蓄电池盖上的脏污，疏通加液孔盖上的通气小孔，清除极桩和导线接头上的氧化物。

（2）旋下加液孔盖，检查电解液的液面高度。如果高度不符合规定要求，应添加蒸

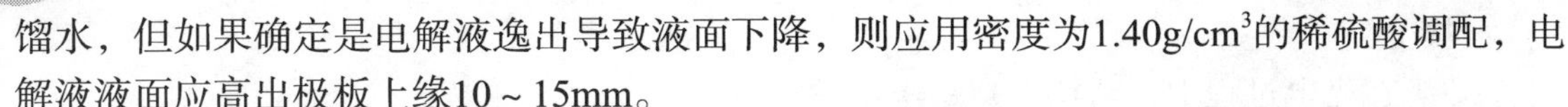

馏水，但如果确定是电解液逸出导致液面下降，则应用密度为1.40g/cm³的稀硫酸调配，电解液液面应高出极板上缘10 ~ 15mm。

（3）用高率放电计检查各单格电压的放电情况，要求蓄电池的各个单格电压读数(电压值)基本一致。

（4）将蓄电池与充电机相连。补充充电也分两个阶段：第一阶段的充电电流约为蓄电池额定容量的1/10，充至单格电压为2.3~2.41V。第二个阶段的充电电流约为容量的1/20，充至单格电压为2.5~2.7V，电解液密度达到规定值，并且在2~3h内基本不变，蓄电池内产生大量气泡，电解液呈“沸腾”状态，此时表示电池电已充足，时间约为15h。

（5）将加液口盖拧紧，擦净蓄电地表面便可使用。

3 间歇过充电方法

蓄电池充电终了后，继续充电是有害的。但考虑蓄电池在汽车上经常处于充电不足或部分放电状况，可能产生极板硫化现象，因此每隔一定时间，在完成补充充电的基础上，应进行一次预防极板硫化的过充电，即有意识地把充电时间延长，让蓄电池充电更彻底，以消除可能产生的轻微极板硫化。具体做法是：在正常的补充充电后，停止1h，再用第二阶段的电流继续充电，直到电解液大量地冒气泡时，再停止1h，然后再恢复第二阶段的充电，如此循环，直到一接通充电电源，蓄电池在1~2min内就出现大量气泡为止。

4 循环锻炼充电法

循环锻炼充电是为了使极板的活性物质得以充分利用，保证蓄电池容量不下降的一种方法，在蓄电池正常补充充电(或间歇充电)之后，用20h放电率进行放电，然后再实施正常补充充电。一般要求循环锻炼后蓄电池的容量应达到额定容量的90%以上，否则应进行多次充放电循环。

5 去硫化充电法

蓄电池发生极板硫化现象后，内阻将显著增大，充电时温升也较快。硫化严重的只能报废，极板硫化程度较轻的可以用去硫化充电法加以消除。具体操作如下：

（1）首先倒出原有的电解液，并用蒸馏水清洗两次，然后再加入足够的蒸馏水；

（2）接通充电电路，将电流调到初充电的第二阶段电流值进行充电；

（3）倒出电解液，换加蒸馏水再进行充电，直到电解液密度不再增加为止；

（4）以10h放电率放电，当单格电压下降到1.7V时，再以补充充电的电流进行充电，再放电，再充电，直到容量达到额定值80%以上，即可上车使用。

6 充电注意事项

充电的种类很多，但注意事项基本相同。

（1）严格遵守各种充电方法的充电规范。

（2）充电过程中，要密切观察各单格电池的电压和密度变化，及时判断其充电程度

和技术状况。

（3）在充电过程中，密切注意蓄电池的温度。

（4）初充电时应连续进行，不能长时间间断。

（5）配制和灌入电解液时，要严格遵守安全操作规则和器皿的使用规则。

（6）充电场所要备用冷水、10%碳酸钠溶液或10%氨水溶液。

（7）充电室要安装通风装置，并要严禁明火。

（8）充电设备不应和蓄电池放置在同一工作间，充电时应先接牢蓄电池连接线，再打开充电机的电源开关。停止充电时应先切断电源，再拆下蓄电池连接线，严防火花发生。

二、实施作业

引导问题3　作业需要哪些工具、设备和材料？

（1）博世蓄电池充电机，如图11-4所示。

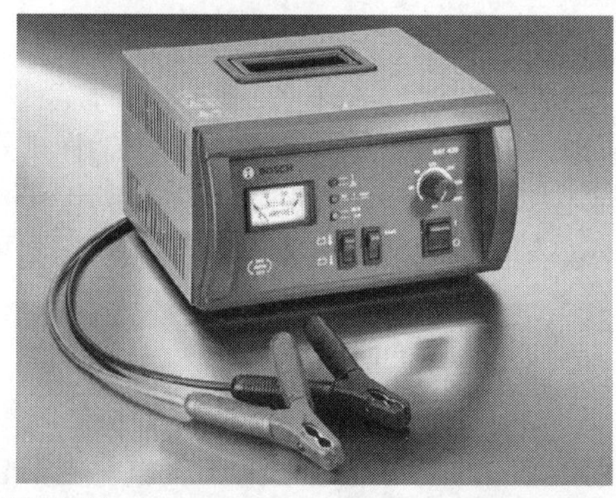

图11-4　博世蓄电池充电机

（2）翼子板布、前格栅布和防护五件套。

（3）爱丽舍轿车。

（4）爱丽舍轿车维修手册。

引导问题4　请你指出图11-5中蓄电池的位置，查阅相关资料并填写相关信息。

该蓄电池的型号________________，各部分的含义是____________________

____

图11-5 爱丽舍轿车蓄电池位置图

引导问题 5 作业前的准备工作有哪些?

（1）汽车进入工位前，将工位清理干净，准备好相关的器材。

（2）将汽车停驻在举升机中央位置。

（3）拉紧驻车制动器操纵杆，并将变速杆置于空挡或驻车挡（P挡）位置。

（4）安装防护五件套。

（5）在车内拉动发动机舱盖手柄，在车外打开并支撑发动机舱盖。

（6）安装翼子板布和前格栅布。

引导问题 6 针对现有的蓄电池，请你选择合适的充电方法进行充电（可参考以下步骤进行）。

（1）从汽车上拆下蓄电池，清除蓄电池盖上的脏污，疏通加液孔盖上的通气小孔，清除极桩和导线接头上的氧化物（图11-6）。

（2）旋下加液孔盖（图11-7），检查电解液的液面高度。

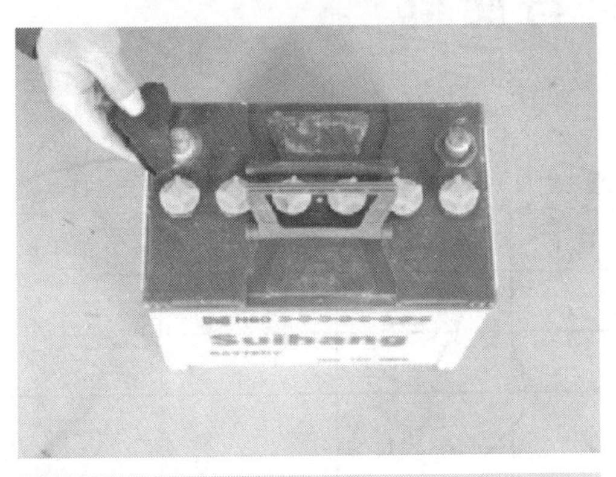

图11-6 清除极桩氧化物

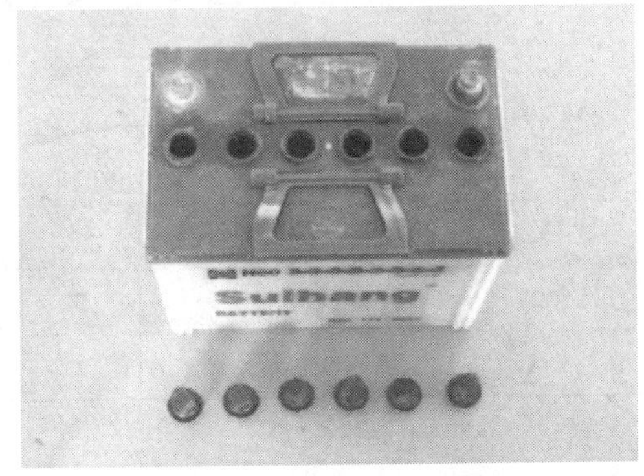

图11-7 旋下加液口盖

（3）将蓄电池与充电机相连，如图11-8所示。

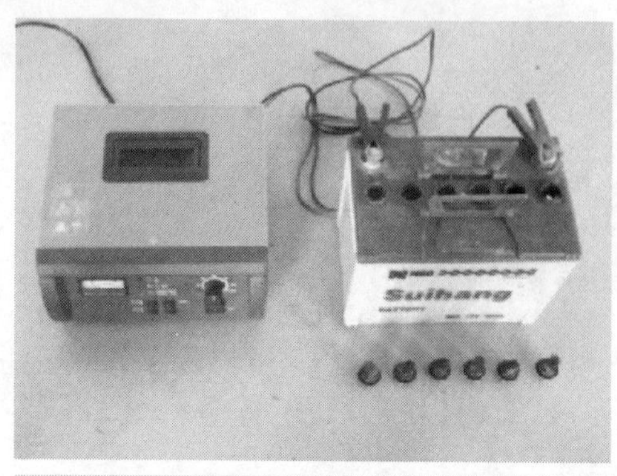

图11-8　连接充电机

注意：

根据蓄电池的容量调节。

（4）检查电压合格后，断开连接线，将加液口盖拧紧（图11-9），擦净蓄电地表面，便可使用。

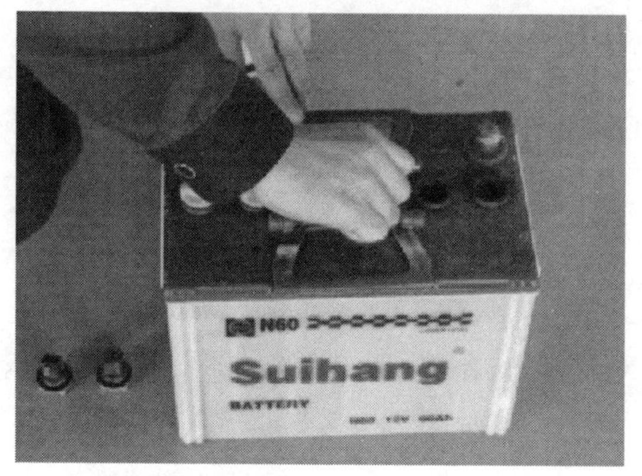

图11-9　旋紧加液口盖

三、评价与反馈

对本学习任务进行评价，填写表11-1。

评 价 与 反 馈 表　　表11-1

考核项目	评分标准	分数	学生自评	小组互评	教师评价	小计
团队合作	是否和谐	5				
活动参与	是否积极主动	5				
安全生产	有无安全隐患	10				
现场5S	是否做到	10				
任务方案	是否合理	15				

续上表

考核项目	评分标准	分数	学生自评	小组互评	教师评价	小计
操作过程	会正确地进行蓄电池的充电； 会正确选择蓄电池的充电模式	30				
任务完成情况	是否圆满完成	5				
操作过程	是否标准规范	10				
劳动纪律	是否严格遵守	5				
工单填写	是否完整、规范	5				
总　分		100				
教师签名				得分		

四、学习拓展

1.怎样给免维护蓄电池充电？

2.如何使用蓄电池检测仪P300检测蓄电池的状态？

项目七

整车的维护

学习任务十二

车辆在顶起位置一的维护

学习目标

◎完成本学习任务后，你应当能：

1.理解车辆预检工作的重要性；

2.掌握车辆在顶起位置一时，驾驶室、发动机室中各个任务的操作流程和操作方法；

3.掌握防护五件套和翼子板布、前格栅布的安装方法；

4.掌握灯光手势的双人配合操作；

5.掌握车门作业流程和操作方法。

建议完成本任务的时间为8课时。

学习任务描述

一辆爱丽舍轿车在行驶24 500km后到维修站进行例行维护，接待人员在进行完前台检查工作后将车辆停至车辆维护专用举升机，请你对该车在顶起位置一进行例行维护。

学习内容

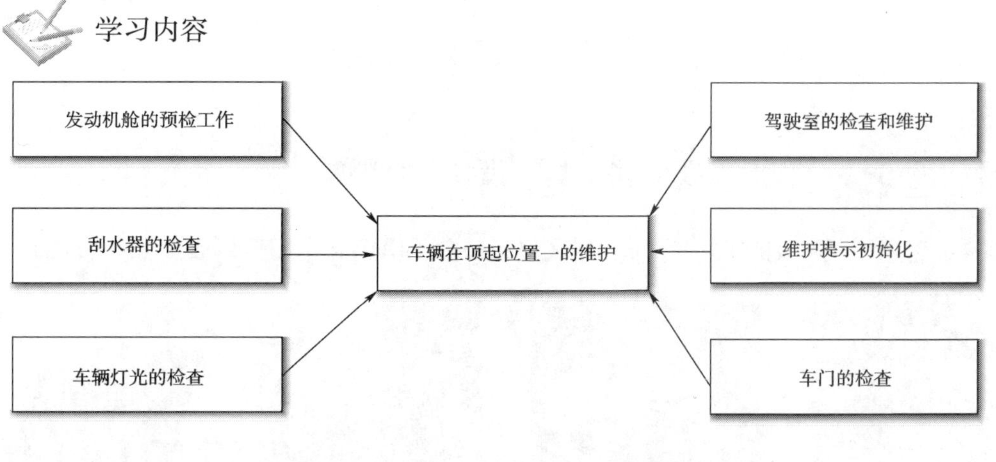

一、资料收集

引导问题 1　爱丽舍轿车定期维护的顶起位置有哪些?

定期维护顶起位置主要有四个：顶起位置一时车辆在举升机底部，顶起位置二时车辆在举升机中间，顶起位置三时车辆在举升机顶部，顶起位置四时车辆在举升机底部，如图12-1所示。

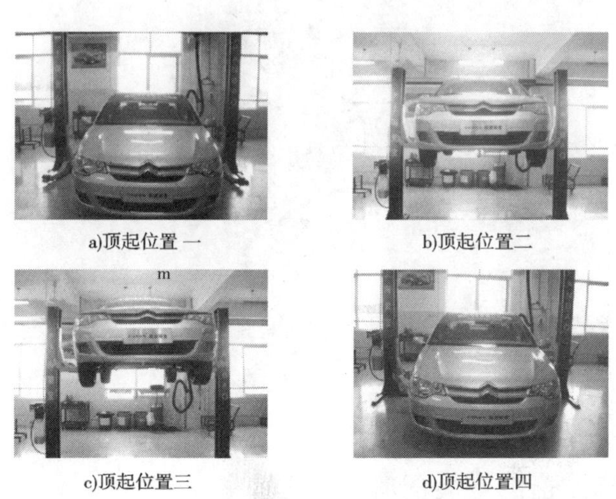

图12-1　定期维护车辆顶起位置

引导问题 2　爱丽舍轿车定期维护在顶起位置一的作业内容有哪些?

爱丽舍轿车定期维护在顶起位置一的作业内容主要有：车辆的预检、灯光的检查、车门的检查、安全带的检查、座椅的检查等。

二、实施作业

引导问题3　作业需要哪些工具、设备和材料?

（1）普通工具：刻度尺、冷却液测试仪、LED手电筒和车用万用表，如图12-2所示。

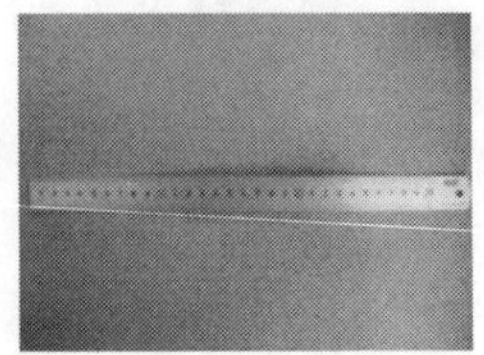
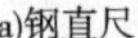

a)钢直尺

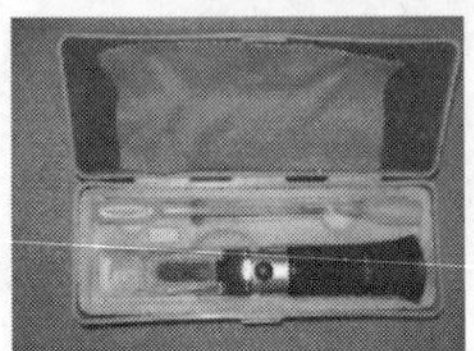

b)冷却液测试仪

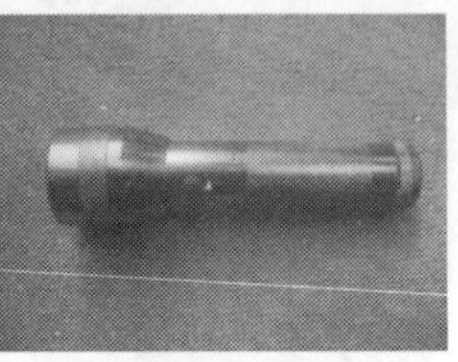

c)LED手电筒

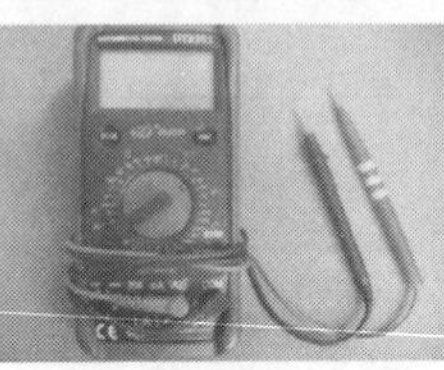

d)车用万用表

图12-2　定期维护顶起位置一需要工具

（2）防护五件套、翼子板布、前格栅布和车轮挡块（图12-3）。

图12-3　车轮挡块

（3）举升机和爱丽舍轿车。

（4）爱丽舍轿车维修手册。

引导问题4　作业前的准备工作有哪些?

（1）汽车进入工位前，将工位清理干净，准备好相关的器材。

（2）将汽车停驻在举升机中央位置。

（3）拉紧驻车制动器操纵杆，并将变速杆置于空挡或驻车挡（P挡）位置。

（4）安装防护五件套。

（5）拉起发动机舱盖释放杆，完成后关上车门，如图12-4所示。

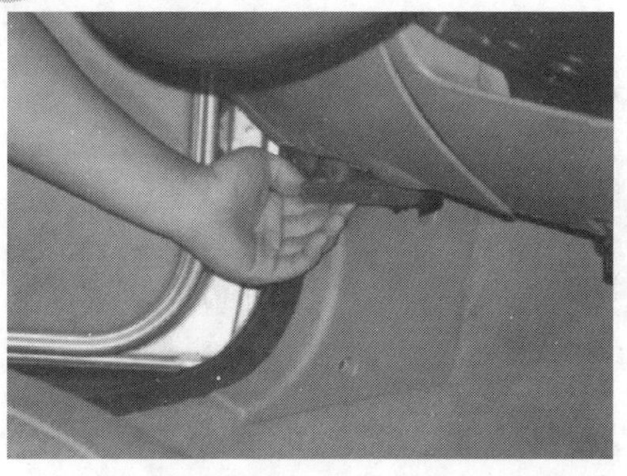
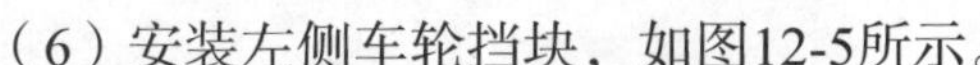

图12-4　拉动发动机舱盖释放杆

注意：

必须看到发动机舱盖微微弹起。

（6）安装左侧车轮挡块，如图12-5所示。

图12-5　安装左侧车轮挡块

注意：

安装车轮挡块时，应与轮胎侧面对齐，并紧贴轮胎，防止松动。

（7）安装尾气管，如图12-6所示。

图12-6　安装尾气管

注意：

插入尾气管时应尽量避免擦碰车辆，还要防止尾气管脱落。

（8）安装右侧车轮挡块。

（9）打开发动机舱盖并可靠支撑，如图12-7所示。

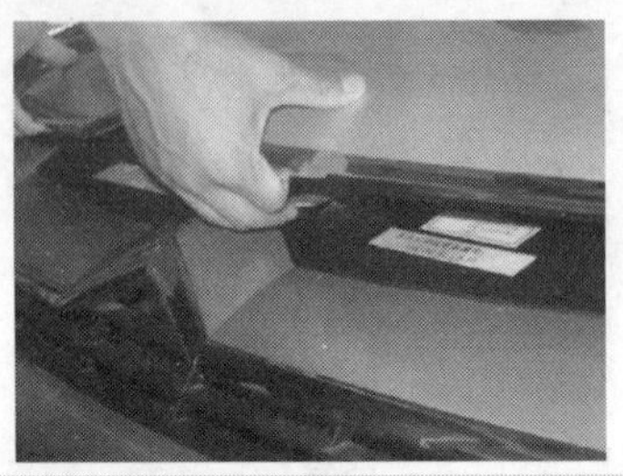

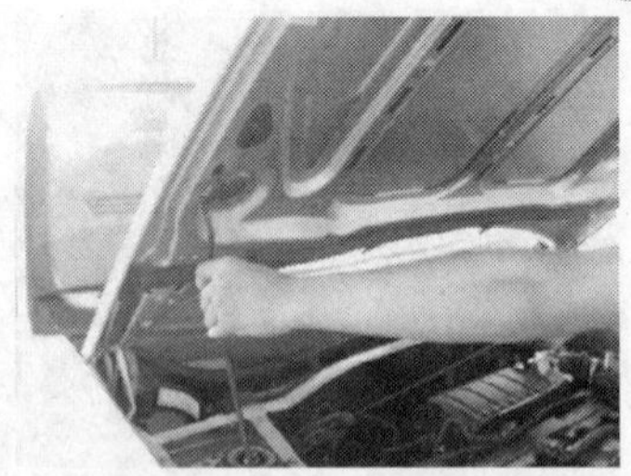

图12-7　打开发动机舱盖并可靠支撑

（10）按照顺序安装左侧翼子板布、前格栅布和右侧翼子板布。

引导问题5　车辆维护前需要做哪些预检工作？

1 发动机机油液位的检查

（1）左手拿纱布，右手抽出机油标尺，如图12-8所示。

图12-8　抽出机油尺

注意：

未预检发动机之前请勿起动发动机，以免对发动机造成损伤。

（2）用纱布清洁机油尺，如图12-9所示。

图12-9　清洁机油尺

注意：

清洁机油尺时应防止机油滴落。

（3）将擦干净的机油尺重新插入发动机中，如图12-10所示。

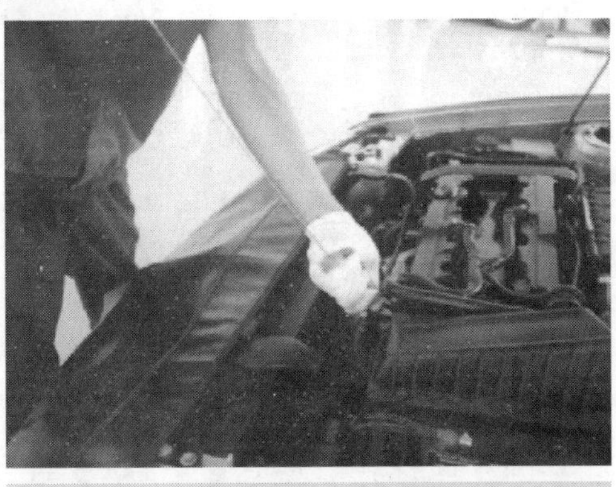
图12-10 插入机油尺

注意：

插入时双手同时用力将机油尺插入发动机中。

（4）重新抽出机油尺，检查发动机机油液面高度是否在两个刻度线之间，以确认发动机机油液面高度是否正常，如图12-11所示。

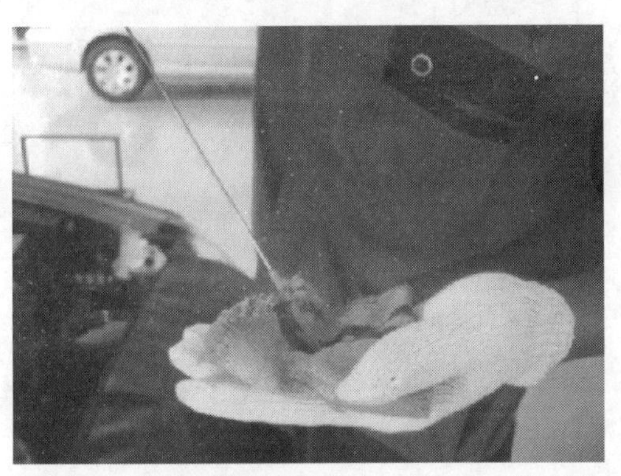
图12-11 检查机油液位

注意：

如果机油不足不能起动发动机，需加注至正常液面高度。

（5）检查完后将机油尺插入发动机中，如图12-12所示。

图12-12 重新插入机油尺

注意：

在整个操作过程中，应防止机油滴落。如果发现机油滴落，必须及时擦干净。

2 发动机冷却液液位的检查

（1）用手电筒检查并确认冷却液储液罐中的冷却液液位在MAX与MIN标记之间。

如果液位低于MIN标记，应先排除泄漏并排气，然后添加至接近MAX标记处，如图12-13所示。

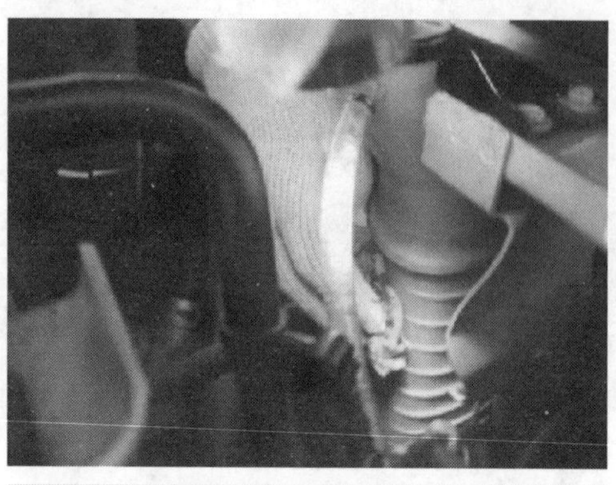

图12-13　检查冷却水液位

注意：

冷却液检查须在发动机停止工作10min后或水温显示低于100℃时进行。

（2）使用冷却液测试仪检测冷却液的浓度。

①用抹布保护手部，慢慢松开膨胀罐盖或水箱盖，待降压后再完全打开，如图12-14所示。

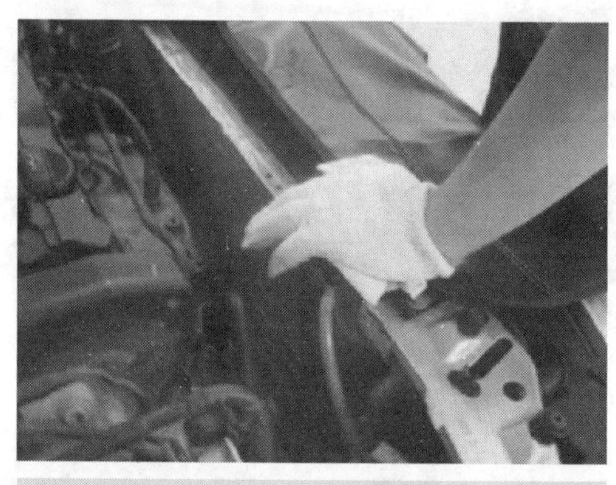

图12-14　打开水箱盖

注意：

切记不可松开水箱盖后即刻打开。

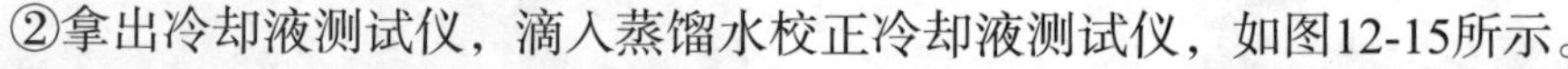

②拿出冷却液测试仪，滴入蒸馏水校正冷却液测试仪，如图12-15所示。

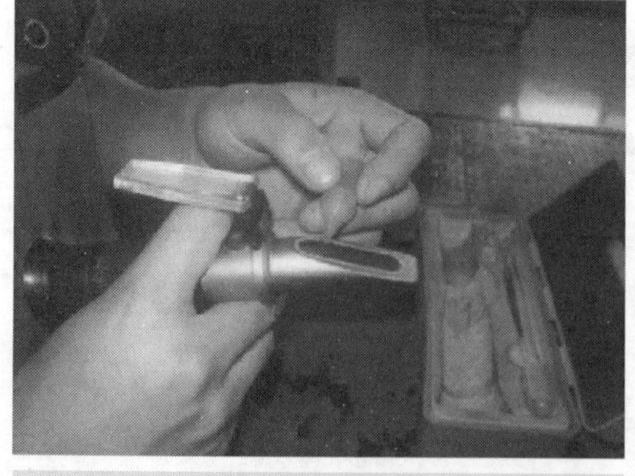

图12-15　校正冷却液测试仪

注意：

如果冷却液测试仪不准，测量后须减去误差值。

③将冷却液测试仪擦干净，如图12-16所示。

图12-16 清洁冷却水测试仪

注意：

应保证测量表面的干净。

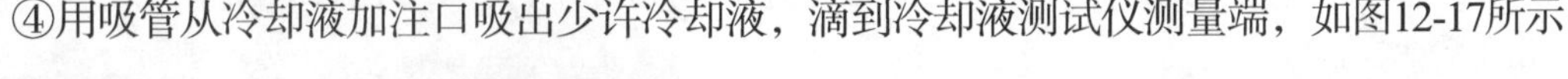

④用吸管从冷却液加注口吸出少许冷却液，滴到冷却液测试仪测量端，如图12-17所示。

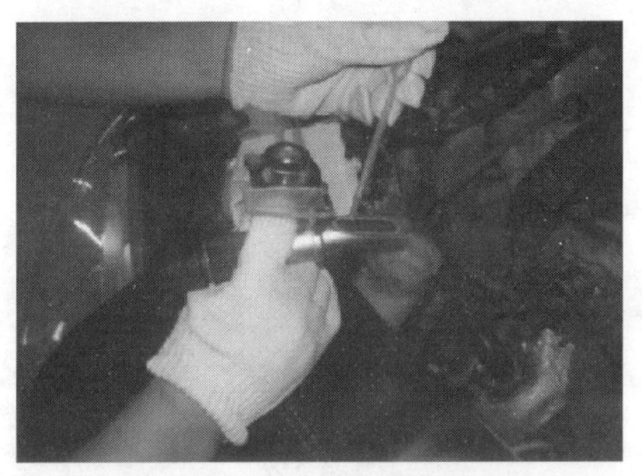

图12-17 吸出冷却液进行测量

注意：

冷却液不可过多，否则会滴落。

⑤从观察窗观察冷却液浓度是否合格，如高于-35℃则应更换，如图12-18所示。

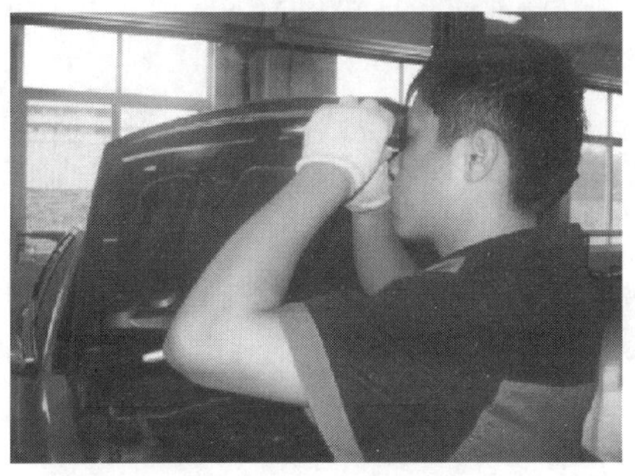

图12-18 从观察口读出测量数据

注意：

爱丽舍轿车冷却液冰点为-38℃。

⑥将冷却液测试仪清洁后放入工具车，如图12-19所示。

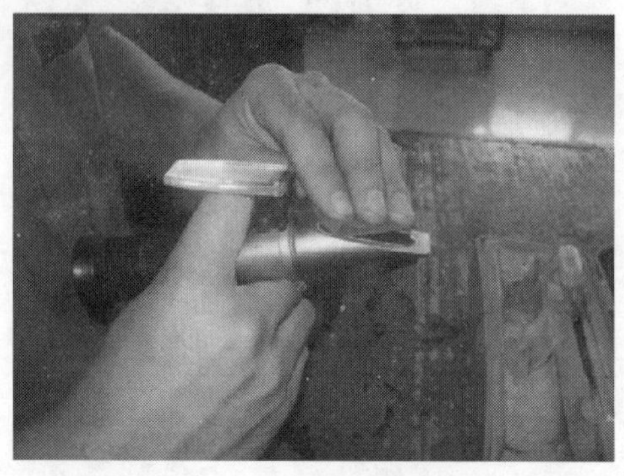
图12-19　清洁冷却液测试仪

注意：

不可将冷却液残留在测试仪上，以免产生腐蚀。

3 制动液液位的检查

用手电筒照到制动液储液罐，目视检查制动液液面在MAX和MIN标记之间，如图12-20所示。

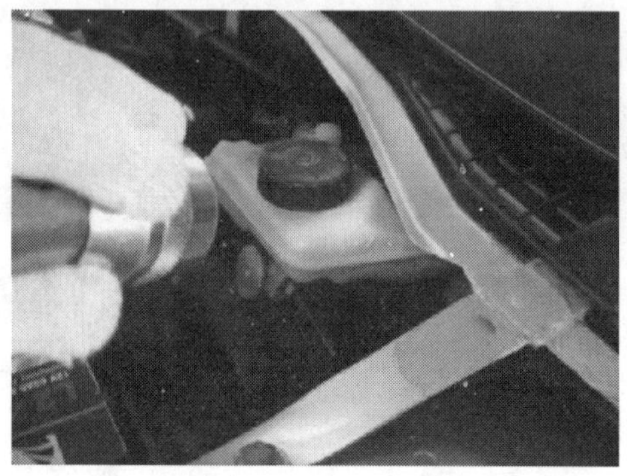
图12-20　检查制动液液位

注意：

如果液面低于MIN标记，应先排除制动系统有泄漏或制动蹄/片磨损严重。然后添加至接近MAX标记处；不能采取在储液罐上用手摇动的方法进行检查。

4 动力转向液液位的检查

用手电筒照到助力转向液储液罐，目视检查制动液液面在MAX和MIN标记之间，如图12-21所示。

图12-21　检查助力转向液

注意：

如果助力转向液不足，在征得客户同意的前提下，可以添加同型号转向液。

5 玻璃清洗液液位的检查

打开玻璃清洗液储液罐盖，观察是否有玻璃清洗液，如图12-22所示。

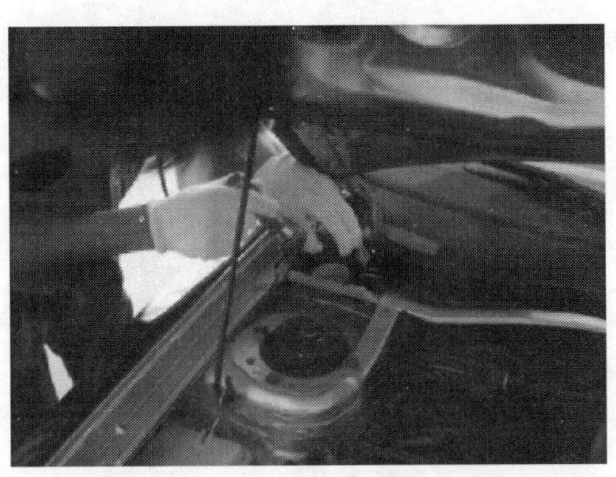

图12-22 检查玻璃清洗液液位

注意：

如果清洗液不足，在征得客户同意的前提下，可以添加同型号清洗液。

6 关闭发动机舱盖

预检工作完成后关闭发动机舱盖。

引导问题 6 爱丽舍轿车的灯光和喇叭如何检查?

灯光检查需要两名学生（学生甲和学生乙）配合进行检查。

1 点火开关旋至M挡

学生甲进入驾驶室，将点火开关旋至M挡，如图12-23所示。

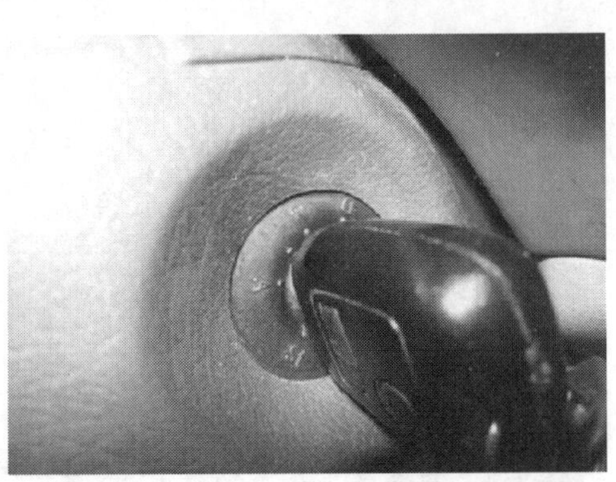

图12-23 点火开关至M挡

2 检查仪表盘灯点亮情况

学生甲检查仪表盘灯点亮情况，如图12-24所示。

图12-24 仪表灯工作状况

注意：

此时仪表盘灯应该处于点亮状态。

3 检查顶灯点亮情况

（1）学生甲将顶灯开到“ON”位置检查顶灯是否正常点亮，如图12-25所示。

图12-25 检查顶灯是否点亮

注意：

此时车辆四个门应同时处于关闭状态。

（2）学生甲将顶灯开至门控灯挡，如图12-26所示。

图12-26 顶灯开至门控灯挡

（3）学生甲打开车门，观察顶灯能否点亮，仪表指示灯是否点亮，如图12-27所示。

图12-27 打开车门检查顶灯是否工作正常

注意：

门控灯和门控指示灯应同时点亮。

（4）学生甲关上车门，观察顶灯能否正常熄灭，如图12-28所示。

图12-28 关上车门检查顶灯是否正常熄灭

注意：

门控灯和门控指示灯应同时熄灭。

4 前车灯的外部检查

（1）学生甲站至车辆前部中间位置，距离车辆30cm左右，如图12-29所示。

图12-29 学生站到车辆前部

（2）双手检查左侧车灯安装状况，如图12-30所示。

图12-30　检查左前照灯安装状况

注意：
检查是否松动和有损坏。

（3）双手检查右侧车灯安装状况，如图12-31所示。

图12-31　检查右侧前照灯

注意：
检查后应该及时清洁。

（4）双手检查左侧雾灯安装状况，如图12-32所示。

图12-32　检查左侧雾灯

注意：
有些车型无雾灯则无须检查。

（5）双手检查右侧车雾灯安装状况，如图12-33所示。

图12-33　检查右侧雾灯

注意：

每次检查完后必须进行清洁车灯作业。

5 前示宽灯的检查

（1）学生甲做好准备检查车灯手势，如图12-34所示。

图12-34　准备检查灯光

注意：

双手握拳，手臂伸直。

（2）检查示宽灯手势，如图12-35所示。

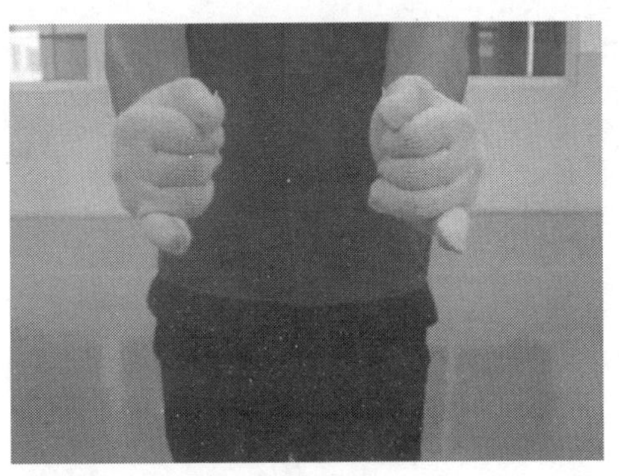

图12-35　示宽灯手势

注意：

双手握拳，伸出小指。

（3）学生乙将车灯开关旋动一挡，打开示宽灯，观察仪表灯是否点亮，如图12-36所示。

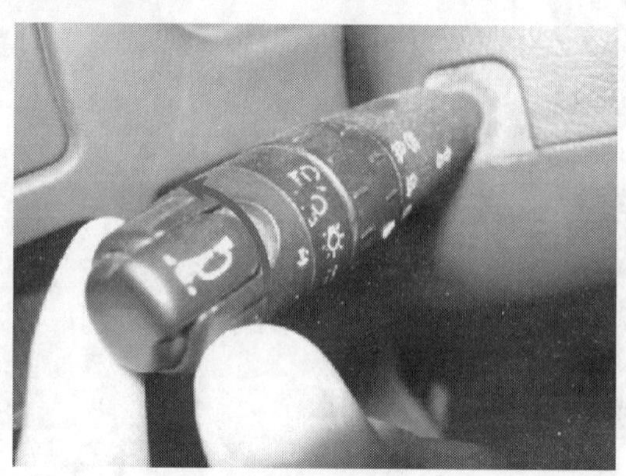

图12-36　打开示宽灯

（4）学生甲观察车辆示宽灯能否正常点亮，如图12-37所示。

图12-37　示宽灯点亮

注意：

两侧示宽灯应同时点亮。

6 前照灯近光灯的检查

（1）学生甲做出近光灯点亮手势，如图12-38所示。

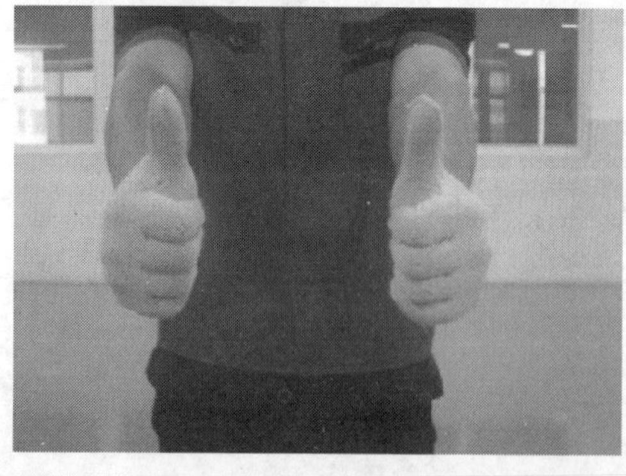

图12-38　近光灯手势

注意：

双手握拳，伸出大拇指。

（2）学生乙将车灯开关旋至前照灯挡，如图12-39所示。

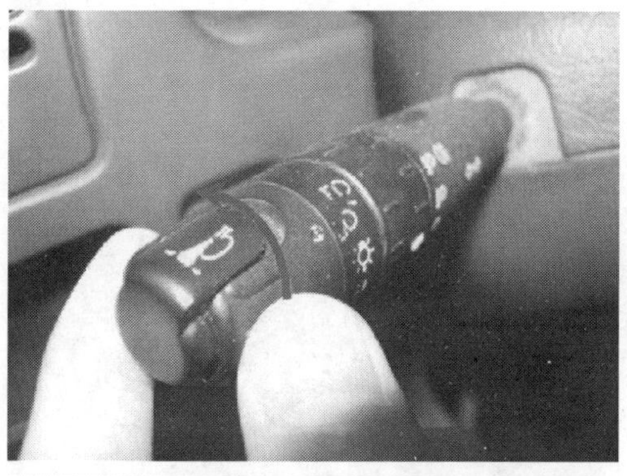
图12-39　打开近光灯

注意：

此时灯光开关已经在一挡，只需再旋一挡即可。

（3）学生甲检查近光灯是否点亮，如图12-40所示。

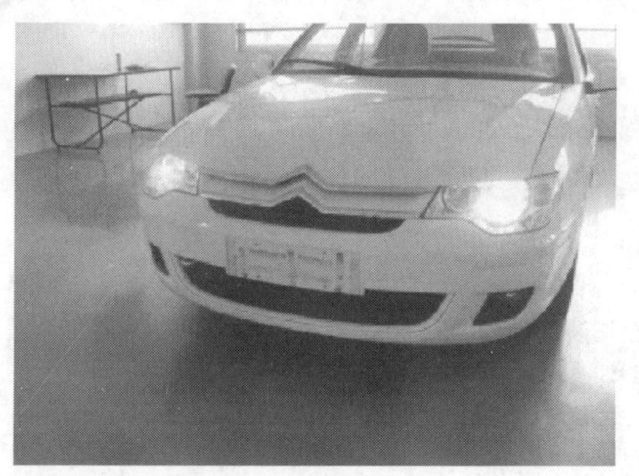
图12-40　近光灯点亮

7 前照灯远光灯的检查

（1）学生甲做出远光灯点亮手势，如图12-41所示。

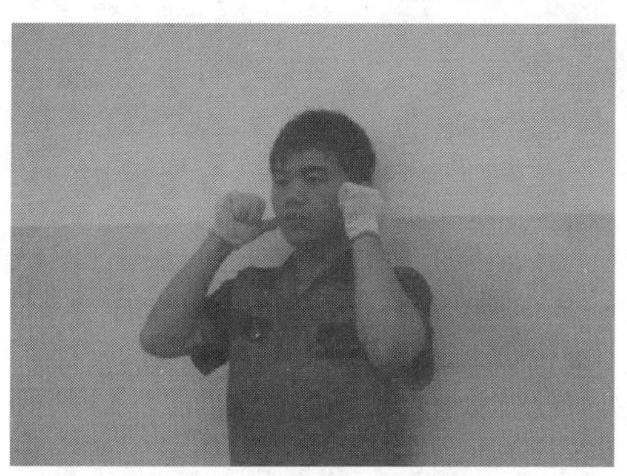
图12-41　远光灯手势

注意：

双肘弯曲，大拇指向后指。

（2）学生乙将变光开关向上提一下，检查远光灯指示灯是否点亮，如图12-42所示。

图12-42　打开远光灯

注意：

将灯光开关向上提片刻。

（3）学生甲检查远光灯是否点亮，如图12-43所示。

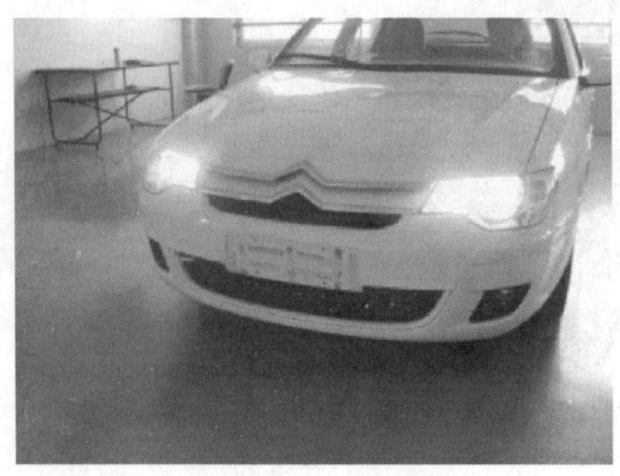

图12-43　远光灯点亮

注意：

两侧远光灯应同时点亮。

8 前雾灯的（依装备而定）检查

（1）学生甲做出雾灯点亮手势，如图12-44所示。

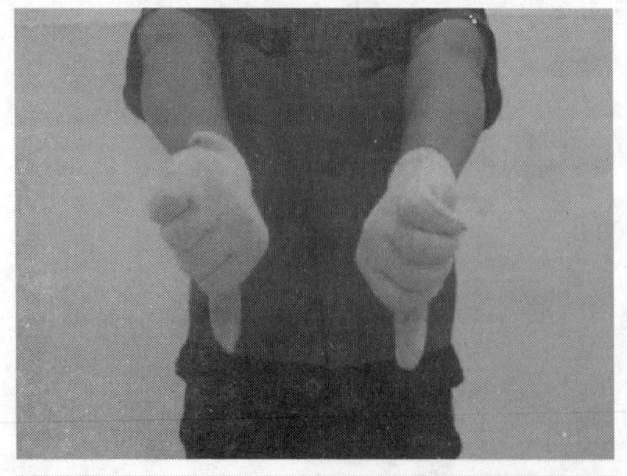

图12-44　检查雾灯手势

注意：

双手握拳，大拇指向下。

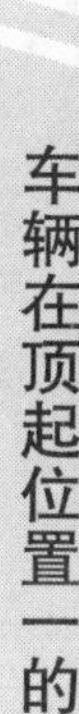

（2）学生乙将雾灯开关打开，如图12-45所示。

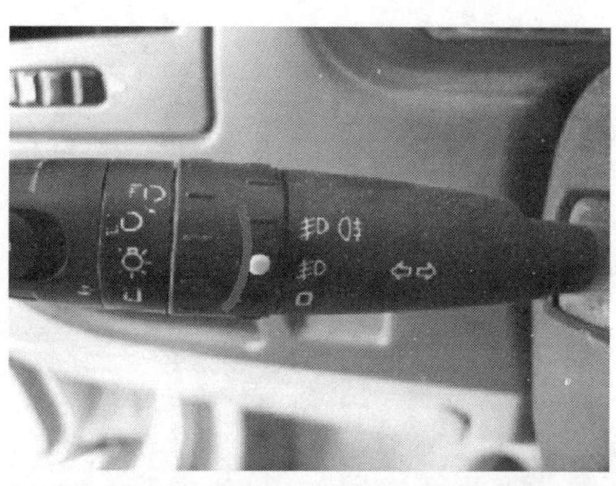

图12-45　打开雾灯

注意：

雾灯开关只旋一挡。

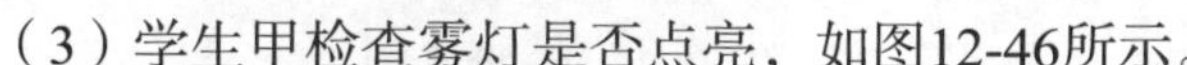

（3）学生甲检查雾灯是否点亮，如图12-46所示。

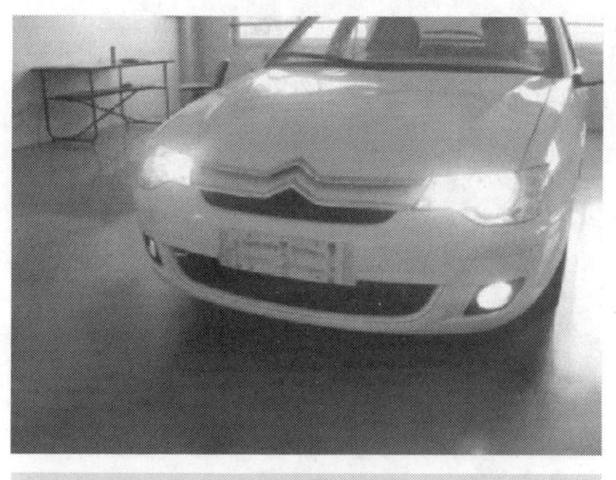

图12-46　雾灯点亮

注意：

检查完后将车灯关闭。

9 前转向灯的检查

（1）学生甲做出打开左转向灯手势，如图12-47所示。

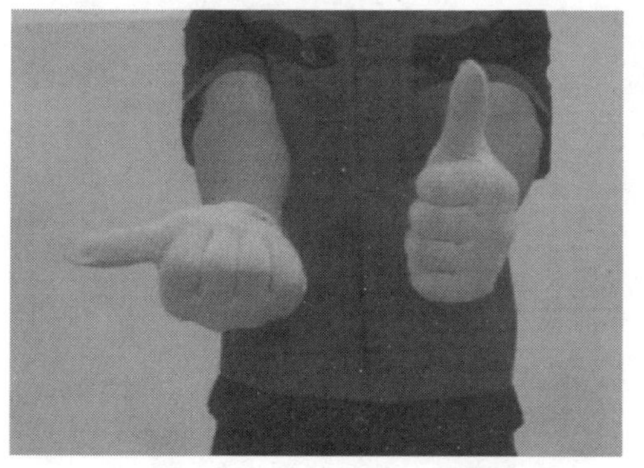

图12-47　左转向手势

注意：

双手握拳，大拇指向上，右手向外转90°。

（2）学生乙将灯光开关向左打，检查左转向灯指示灯是否闪烁，如图12-48所示。

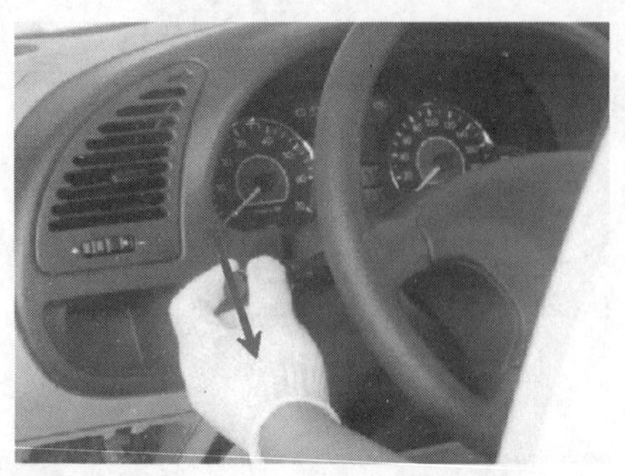

图12-48　打开左转向灯

注意：

将灯光开关逆时针转动。

（3）学生甲检查左转向灯和侧转向灯是否点亮，如图12-49所示。

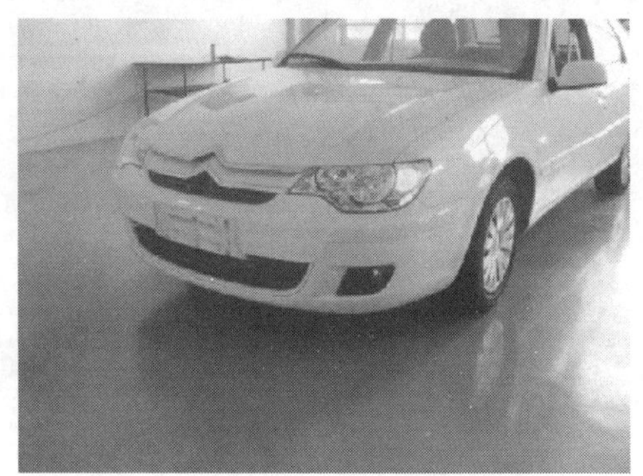

图12-49　左转向灯点亮

注意：

观察车辆左侧转向灯是否点亮。

（4）学生乙向左转动转向盘90°后回正，检查转向灯开关是否自动复位，如图12-50所示。

图12-50　左转向灯自动复位

注意：

转向盘向左旋转90°以上后回正，左转向灯应自动复正。

（5）学生甲打开右转向灯手势，如图12-51所示。

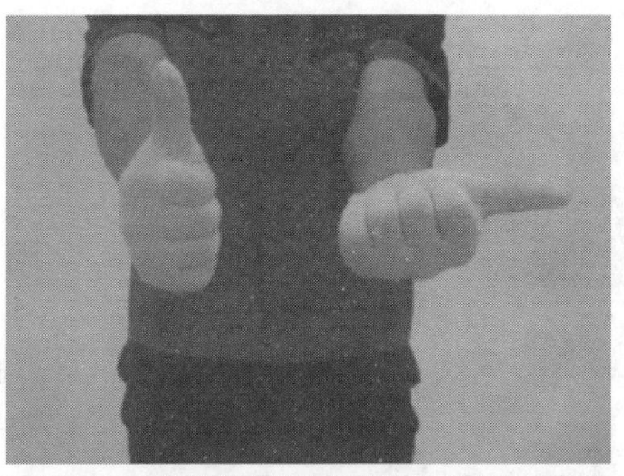
图12-51　右转向灯手势

注意：

双手握拳，大拇指向上，左手向外转90°。

（6）学生乙将灯光开关向右转，检查右转向指示灯是否闪烁，如图12-52所示。

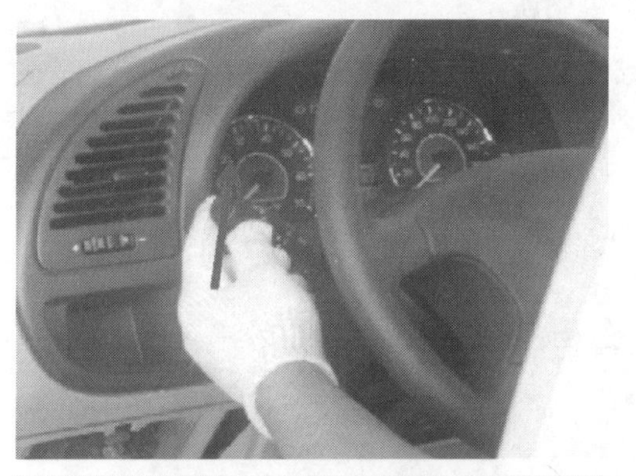
图12-52　打开右转向灯

注意：

顺时针转动灯光开关。

（7）车外学生检查右转向灯和侧转向灯是否点亮，如图12-53所示。

图12-53　右转向灯点亮

注意：

观察车辆右侧小转向灯是否点亮。

（8）快速向右转动转向盘90°后回正，检查转向灯开关是否自动复位，如图12-54所示。

图12-54　右转向灯自动复位

注意：

转向盘向右旋转90°以上后回正，右转向灯应自动复正。

10 前危险警告灯的检查

（1）学生甲做出打开危险警告灯手势，如图12-55所示。

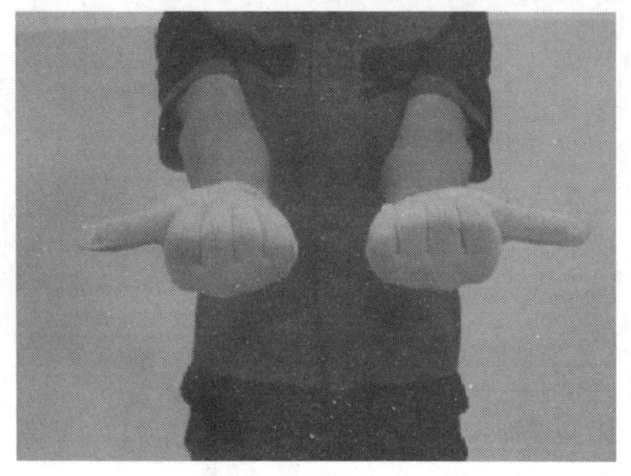

图12-55　危险警告灯手势

注意：

双手握拳，大拇指向上，双手向外转90°。

（2）学生乙用右手按下红色三角形的危险警告灯开关，检查仪表板上指示灯是否闪烁，如图12-56所示。

图12-56　打开危险警告灯

（3）学生甲检查危险警告灯是否按一定频率闪烁，如图12-57所示。

图12-57　危险警告灯点亮

注意：

检查完后关闭灯光开关。

11 后车灯的外部检查

（1）学生甲站至车辆后部中间位置，距离车辆30cm，如图12-58所示。

图12-58　准备检查尾灯

（2）学生甲检查左侧尾灯安装状况，如图12-59所示。

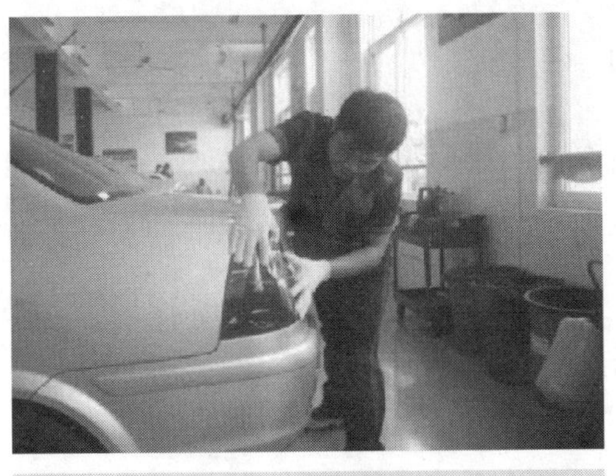
图12-59　左侧尾灯检查

注意：

检查是否松动和有损坏。

（3）学生甲检查右侧尾灯安装状况，如图12-60所示。

图12-60　右侧尾灯检查

注意：

每次检查完后必须清洁。

12 尾灯和牌照灯的检查

检查方法与示宽灯相同，注意检查牌照灯时，需双人配合。

13 后雾灯的检查

（1）学生甲做出后雾灯点亮手势（与前雾灯相同）。

（2）学生乙打开后雾灯开关，检查后雾灯指示灯是否点亮，如图12-61所示。

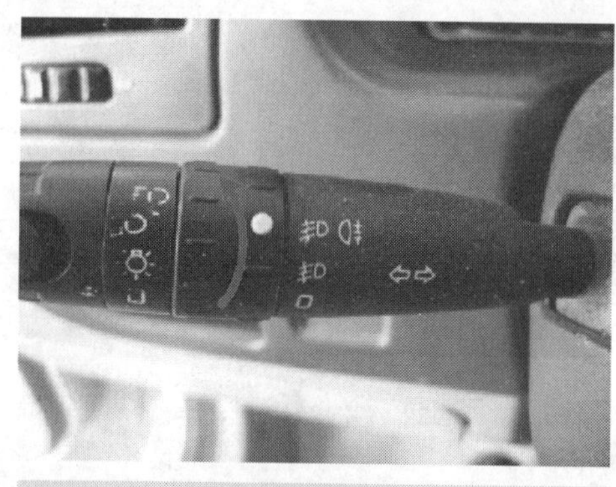

图12-61　打开后雾灯

注意：

在原来雾灯开关上再旋一挡。

（3）学生甲检查后雾灯是否正常点亮，如图12-62所示。

图12-62　后雾灯点亮

注意：

检查完后关闭灯光。

14 制动灯的检查

（1）学生甲做出制动灯点亮手势，如图12-63所示。

图12-63 打开制动灯手势

注意：

手势与近光灯手势相同。

（2）车内人员用右脚踩下制动踏板，如图12-64所示。

图12-64 踩下制动踏板

（3）车外学生检查制动灯和第三制动灯是否点亮，如图12-65所示。检查完后松开制动踏板。

图12-65 制动灯点亮

注意：

检查后排座椅上的第三制动灯。

15 倒车灯的检查

（1）学生甲做出倒车灯点亮手势，如图12-66所示。

图12-66　打开倒车灯手势

注意：
手势与远光灯手势相同。

（2）学生乙右脚踩下制动踏板，右手将变速器杆换入R挡，如图12-67所示。

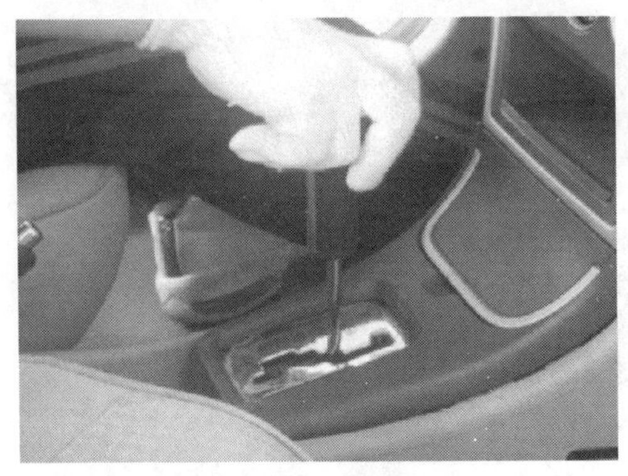
图12-67　挂入R挡

注意：
为了安全起见，可以踩住制动踏板。

（3）学生甲检查倒车灯是否正常点亮，如图12-68所示。

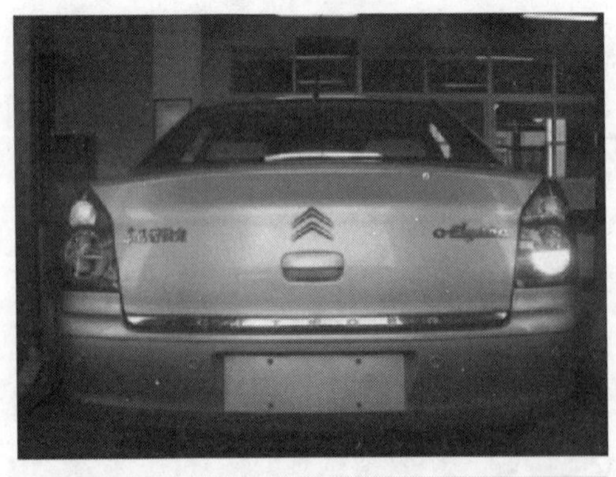
图12-68　倒车灯点亮

注意：
检查完后将挡位换至R挡。

16 后转向灯检查

检查方法与检查车辆前部左右转向灯方法相同。

17 后危险警告灯检查

检查方法与检查车辆前部危险警告灯的方法相同。

18 组合仪表警告灯检查

（1）当点火开关在M位置时，检查所有警告灯是否正常点亮，如图12-69所示。

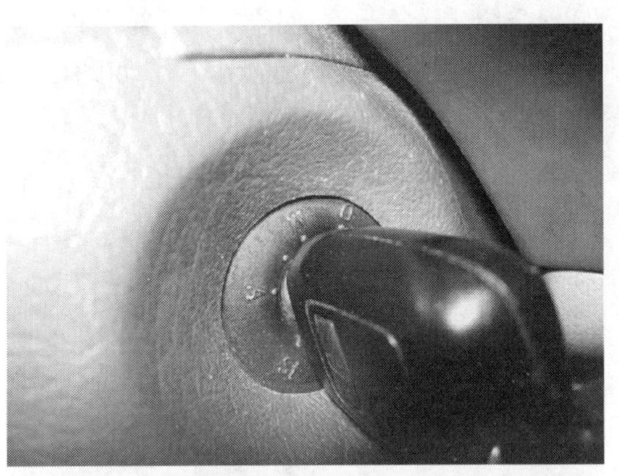

图12-69 仪表警告灯点亮

注意：

起动发动机前，应该大声询问车外是否安全，外面学生确认安全后喊："车前无障碍物，可以起动。"以确保安全。

（2）起动发动机，检查发动机工作后，所有警告灯是否熄灭，如图12-70所示。

图12-70 仪表警告灯熄灭

注意：

起动发动机后如果有警告灯不熄灭，必须熄火检查后方可再次起动。

19 检查喇叭工作情况

（1）学生甲做出按下喇叭的手势，如图12-71所示。

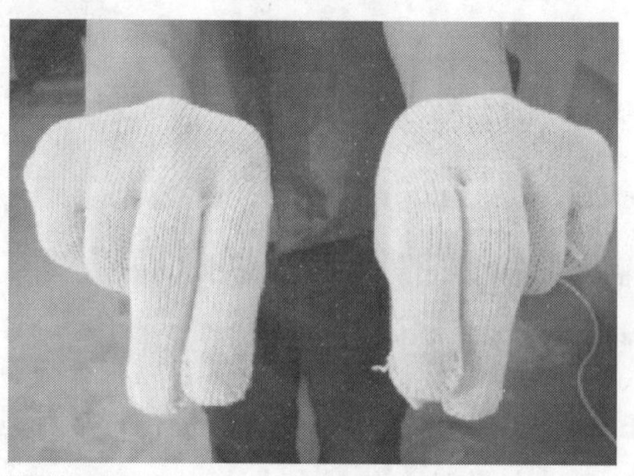

图12-71　按下喇叭的手势

（2）学生乙按下喇叭开关，学生甲检查此时喇叭的音调、音量是否正常，如图12-72所示。

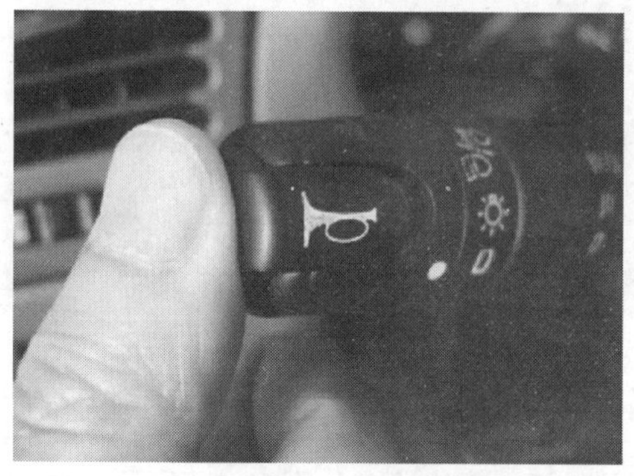

图12-72　检查喇叭

注意：

爱丽舍轿车喇叭开关在灯光开关处。

引导问题 7　爱丽舍轿车刮水器如何检查？

（1）检查刮水器低速刮拭功能：将刮水器开关置低速挡位置，检查刮水器摆动状况，如图12-73所示。

图12-73　刮水器置低速挡

注意：

在检查刮水器时，必须起动发动机，以提供足够电量。起动发动机前，应该大声询问车外是否安全，外面学生确认安全后喊"车前无障碍物，可以起动。"以确保安全。在检查刮水器前，应先向风窗玻璃上喷水，防止刮水片干刮。

（2）检查刮水器高速刮拭功能：将刮水器开关置高速挡位置，检查刮水器摆动状况，如图12-74所示。

图12-74 刮水器置高速挡

（3）检查刮水器间歇刮拭功能：将刮水器开关置间歇挡位置，检查刮水器摆动状况，如图12-75所示。

图12-75 刮水器置间歇挡

（4）检查刮水器喷水联动功能：将刮水器开关置喷水挡位置，检查刮水器摆动和喷水状况，如图12-76所示。

图12-76 刮水器喷水功能

注意：

将刮水器开关向上提片刻，应有水喷出。但由于喷水管路中无水，可能出水会延迟，但延迟时间不宜过久。

（5）检查停止位置：关闭刮水器开关，检查刮水器是否自动停止在固定位置，如图

12-77所示。

图12-77　关闭刮水器

注意：

关闭刮水器开关后，刮水器还会动作，所以不能马上关闭发动机。

（6）检查刮拭状况：刮水器停止后，检查刮拭效果，是否存在条纹式刮拭痕迹，如图12-78所示。

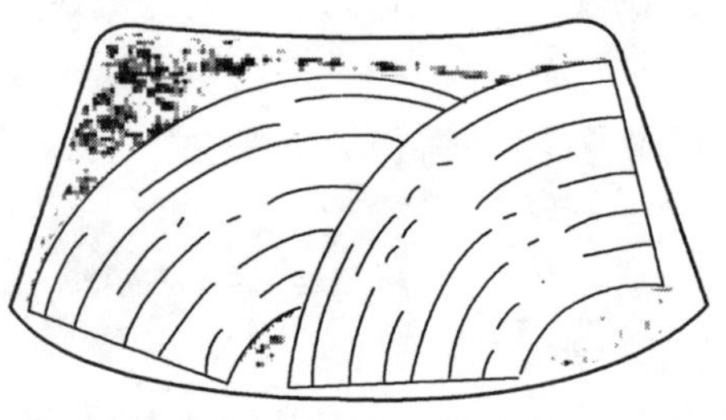

图12-78　刮拭效果

（7）检查刮水片是否失效或老化，如图12-79所示。

图12-79　检查刮水片

注意：

如果发现刮水片老化，及时征求客户意见后进行更换。

（8）检查完毕，关闭发动机。

引导问题 8　车辆的车门、座椅与安全带如何检查？

1　左前车门的检查

（1）检查车身螺栓和螺母是否松动，如图12-80所示。

图12-80 检查车门

注意：

左手放在车门上部，右手放在车门下部，然后轻轻摇动车门。

（2）摇动车门后，再检查车门与车身连接处的铰链是否良好，如图12-81所示。

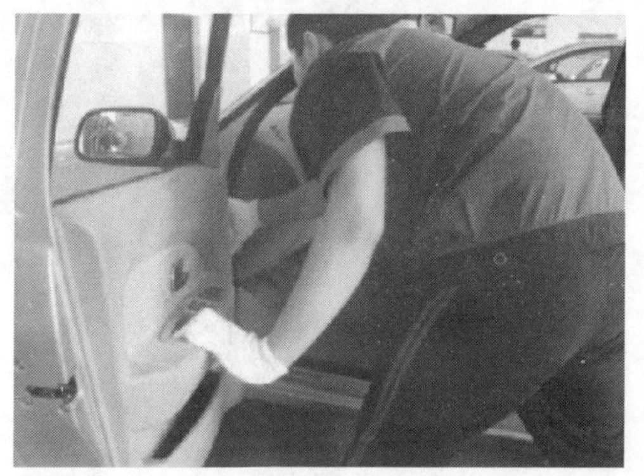
图12-81 检查车门铰链

注意：

在操作过程中，车门不可与举升机立柱发生碰撞。

2 座椅的检查

（1）检查座椅下方螺栓是否松动，如图12-82所示。

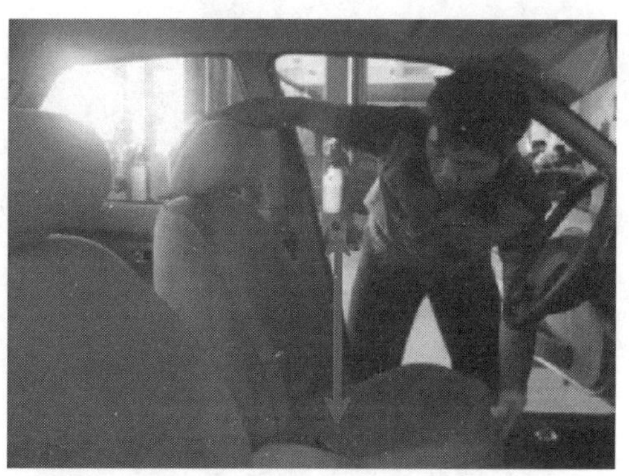
图12-82 检查座椅螺栓的方法

注意：

左手握住座椅的下沿，右手握住座椅的上沿，上下摇动座椅。

（2）检查座椅调节功能是否工作正常，如图12-83所示。

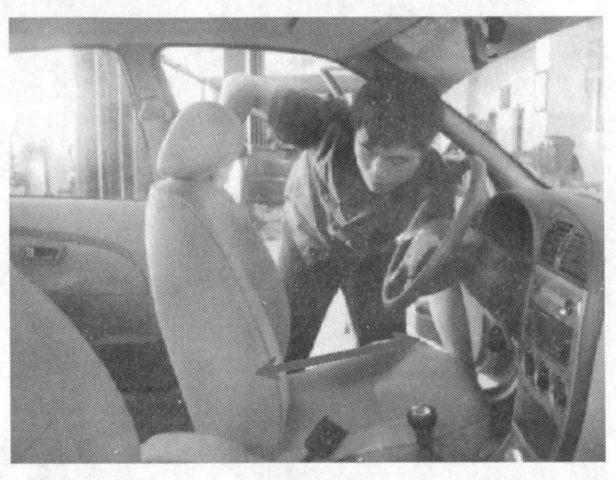

图12-83　检查座椅调节功能

注意：

左手扳动座椅下面的调节杆，前后移动座椅。

3 检查安全带的螺栓、螺母是否松动，工作是否正常

（1）检查安全带工作状况，如图12-84所示。

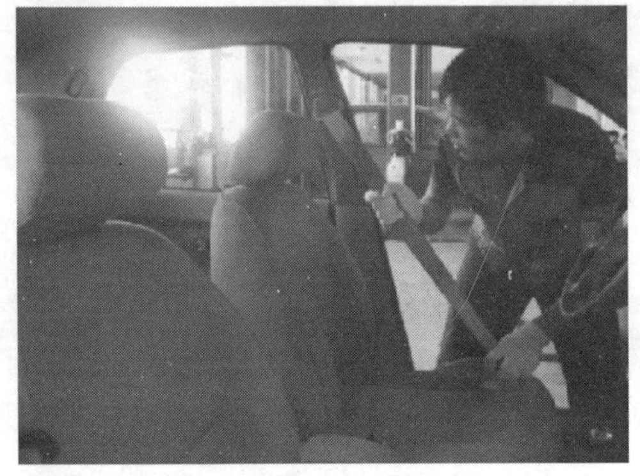

图12-84　检查安全带

注意：

左手拉住安全带插扣，右手按住安全带的上沿，缓缓拉出安全带，拉出30cm时用力一拉，此时安全带应停住，如不能停住则锁止失效。

（2）检查安全带螺栓和螺母，如图12-85所示。

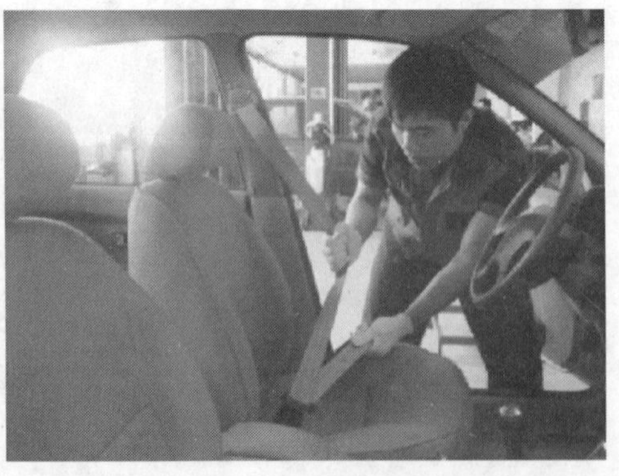

图12-85　检查安全带螺栓

注意：

左手将安全带拉出，插入安全带插座固定。然后用力拉动安全带，检查其螺栓和螺母是否松动。

（3）检查安全带调节装置，检查完后归到原位，如图12-86所示。

图12-86 检查安全带调节器

注意：

左手按住安全带调节按钮，往下拉动安全带调整器，检查其工作是否正常。

（4）检查安全带自动复位功能，如图12-87所示。

图12-87 安全带自动收回

注意：

将安全带从插座中拔出，放到原始位置。双手放开安全带，观察是否能顺利缩回到原位。

（5）按照左前、左后、右后和右前的顺序依次检查各个车门、座椅和安全带。

引导问题 9 维护提示器如何初始化？

参照项目一中引导问题10进行。

引导问题 10 发动机舱有哪些作业？

（1）打开发动机舱盖，安装翼子板布和前格栅布。

（2）对蓄电池状况进行检查（参照项目十进行）。

（3）拧松机油滤清器盖，如图12-88所示。

（4）检查发动机舱上部管路和发动机变速器上部各配合表面有无泄漏，如图12-89所示。

图12-88　拧松机油滤清器盖

注意：

拧松机油滤清器盖时应保证机油不会泄漏。

图12-89　检查发动机是否泄漏

注意：

TU3JP/K、TU5JP/K车型需清洗曲轴箱通风管、油气分离器、进气压力传感器集油罐。

引导问题 11　驻车制动器如何检查？

（1）释放驻车制动杆，如图12-90所示。

图12-90　释放驻车制动杆

注意：

要微微拉起驻车制动杆后按下其顶端的锁止按钮，才能将其放下。

（2）检查驻车制动器指示灯，如图12-91所示。

图12-91　检查驻车制动器指示灯

注意：

将点火开关置于“ON”位置，慢慢拉起驻车制动杆，在听到“咔嚓”声之前，指示灯应点亮；如果不亮，则不正常。

（3）继续拉起驻车制动杆，记下响声的次数，即为驻车制动杆的行程，如图12-92所示。

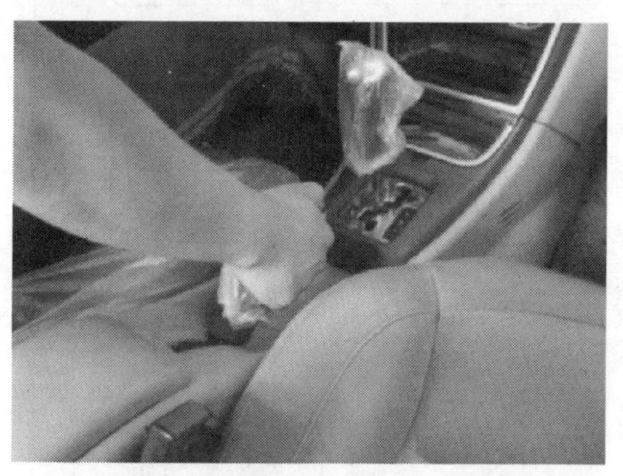

图12-92　检查驻车制动杆行程

注意：

听到驻车制动杆声响三声后，驻车制动器应该起效，如果不符合标准，需调整驻车制动杆的行程。

（4）检查完成后，驻车制动杆及时归位，如图12-93所示。

图12-93　驻车制动杆归位

注意：

应该将驻车制动杆放到最低位置，驻车制动器指示灯熄灭。

引导问题 12 **根据你的操作，填写表12-1。**

定期维护表

表12-1

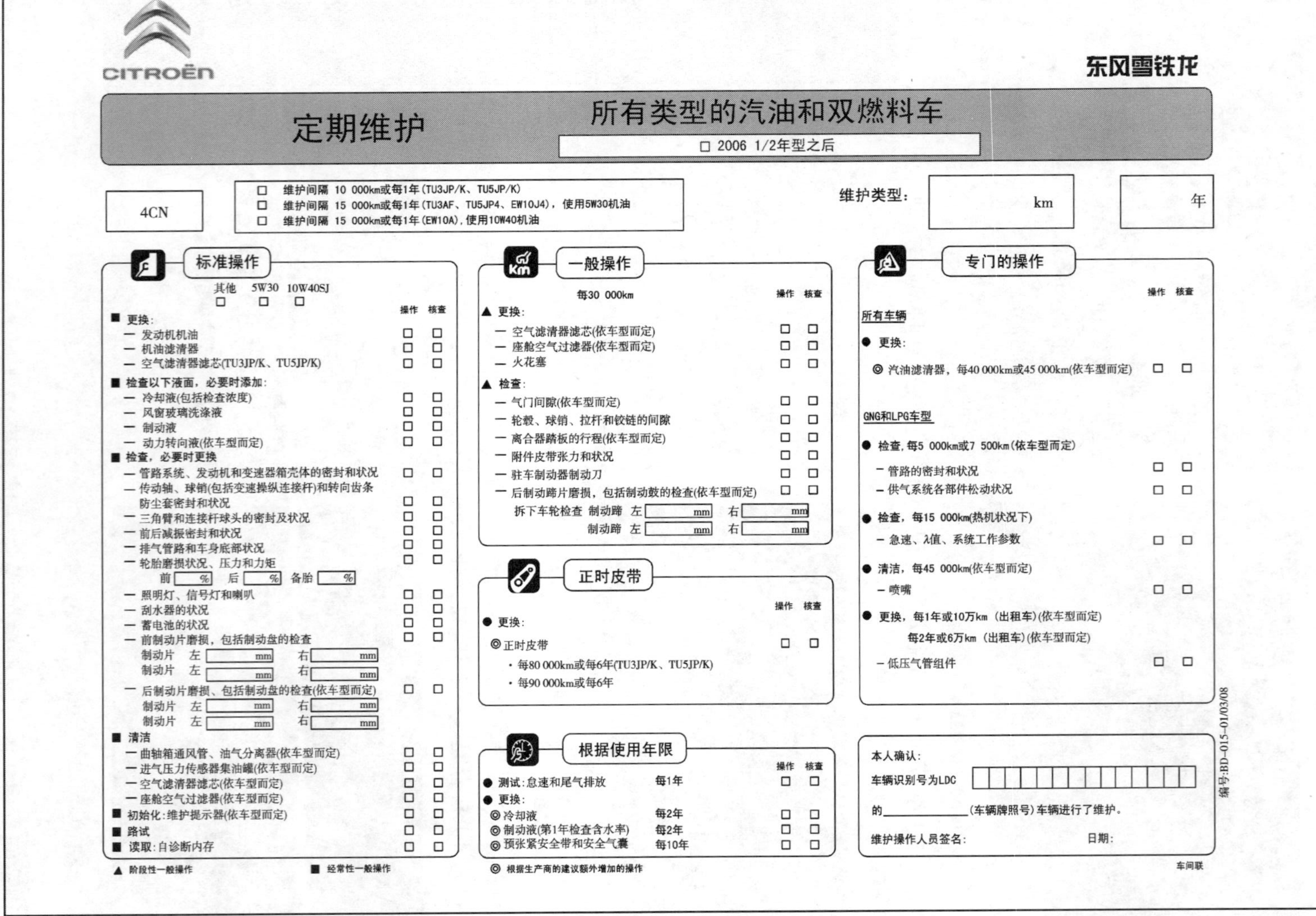

CITROËN 东风雪铁龙

定期维护 所有类型的汽油和双燃料车

□ 2006 1/2年型之后

4CN

□ 维护间隔 10 000km或每1年(TU3JP/K、TU5JP/K)
□ 维护间隔 15 000km或每1年(TU3AF、TU5JP4、EW10J4)，使用5W30机油
□ 维护间隔 15 000km或每1年(EW10A)，使用10W40机油

维护类型： km 年

标准操作

其他 □ 5W30 □ 10W40SJ □

	操作	核查
■ 更换：		
— 发动机机油	□	□
— 机油滤清器	□	□
— 空气滤清器滤芯(TU3JP/K、TU5JP/K)	□	□
■ 检查以下液面，必要时添加：		
— 冷却液(包括检查浓度)	□	□
— 风窗玻璃洗涤液	□	□
— 制动液	□	□
— 动力转向液(依车型而定)	□	□
■ 检查，必要时更换		
— 管路系统、发动机和变速器箱壳体的密封和状况	□	□
— 传动轴、球销(包括变速操纵连接杆)和转向齿条防尘套密封和状况	□	□
— 三角臂和连接杆球头的密封及状况	□	□
— 前后减振密封和状况	□	□
— 排气管路和车身底部状况	□	□
— 轮胎磨损状况、压力和力矩	□	□
前 % 后 % 备胎 %		
— 照明灯、信号灯和喇叭	□	□
— 刮水器的状况	□	□
— 蓄电池的状况	□	□
— 前制动片磨损，包括制动盘的检查	□	□
制动片 左 mm 右 mm		
制动片 左 mm 右 mm		
— 后制动片磨损、包括制动盘的检查(依车型而定)	□	□
制动片 左 mm 右 mm		
制动片 左 mm 右 mm		
■ 清洁		
— 曲轴箱通风管、油气分离器(依车型而定)	□	□
— 进气压力传感器集油罐(依车型而定)	□	□
— 空气滤清器滤芯(依车型而定)	□	□
— 座舱空气过滤器(依车型而定)	□	□
■ 初始化：维护提示器(依车型而定)	□	□
■ 路试	□	□
■ 读取：自诊断内存	□	□

一般操作

每30 000km

	操作	核查
▲ 更换：		
— 空气滤清器滤芯(依车型而定)	□	□
— 座舱空气过滤器(依车型而定)	□	□
— 火花塞	□	□
▲ 检查：		
— 气门间隙(依车型而定)	□	□
— 轮毂、球销、拉杆和铰链的间隙	□	□
— 离合器踏板的行程(依车型而定)	□	□
— 附件皮带张力和状况	□	□
— 驻车制动器制动刀	□	□
— 后制动蹄片磨损，包括制动鼓的检查(依车型而定)	□	□
拆下车轮检查 制动蹄 左 mm 右 mm		
制动蹄 左 mm 右 mm		

正时皮带

	操作	核查
● 更换：		
◎ 正时皮带	□	□
·每80 000km或每6年(TU3JP/K、TU5JP/K)		
·每90 000km或每6年		

根据使用年限

		操作	核查
● 测试：怠速和尾气排放	每1年	□	□
● 更换：			
◎ 冷却液	每2年	□	□
◎ 制动液(第1年检查含水率)	每2年	□	□
◎ 预张紧安全带和安全气囊	每10年	□	□

专门的操作

	操作	核查
所有车辆		
● 更换：		
◎ 汽油滤清器，每40 000km或45 000km(依车型而定)	□	□
GNG和LPG车型		
● 检查，每5 000km或7 500km(依车型而定)		
— 管路的密封和状况	□	□
— 供气系统各部件松动状况	□	□
● 检查，每15 000km(热机状况下)		
— 急速、λ值、系统工作参数	□	□
● 清洁，每45 000km(依车型而定)		
— 喷嘴	□	□
● 更换，每1年或10万km（出租车)(依车型而定) 每2年或6万km（出租车)(依车型而定)		
— 低压气管组件	□	□

本人确认：

车辆识别号为LDC □□□□□□□□□□□□□□

的__________(车辆牌照号)车辆进行了维护。

维护操作人员签名： 日期：

编号:BD-015-01/03/08

车间联

▲ 阶段性一般操作 ■ 经常性一般操作 ◎ 根据生产商的建议额外增加的操作

三、评价与反馈

对本学习任务进行评价，填写表12-2。

评价与反馈表 表12-2

考核项目	评分标准	分数	学生自评	小组互评	教师评价	小计
团队合作	是否和谐	3				
活动参与	是否积极主动	3				
安全生产	有无安全隐患	8				
现场5S	是否做到	5				
任务方案	是否正确合理	5				
操作过程	安装防护五件套： 未安装正确发生破损扣2分	2				
	安装车轮挡块： 未放置或车轮挡块与车轮不齐扣2分	2				
	插入汽车排气抽气管： 插入方法不正确扣2分	2				
	打开发动机舱盖： 打开方法不正确扣2分	2				
	检查发动机机油液位： 检查方法不正确扣1分 机油液位判断错误扣1分	2				
	检查冷却液位和浓度： 检查方法不正确扣2分 冷却液浓度检查错误扣2分	4				
	检查制动液位： 检查方法不正确扣2分	2				
	转向助力液位： 检查方法不正确扣2分	2				
	玻璃清洗液位： 检查方法不正确扣2分	2				
	检查示宽灯点亮	2				
	检查前照灯近远光和指示灯点亮	2				
	检查前雾灯点亮	2				
	检查左右转向信号灯和指示灯点亮	2				
	检查危险警告灯和指示灯点亮	2				
	检查尾灯牌照灯点亮	2				

续上表

考核项目	评分标准	分数	学生自评	小组互评	教师评价	小计
操作过程	检查制动灯（第三制动灯）点亮	2				
	检查倒车灯点亮	2				
	检查后雾灯和指示灯点亮	2				
	检查转向灯开关回正功能	2				
	检查刮水器高速、低速和自动复位功能： 检查高速、低速功能错误扣2分 检查自动复位功能错误扣2分	4				
	检查刮水器喷水功能	2				
	检查车门铰链连接	2				
	检查座椅螺母和螺栓	2				
	检查安全带功能和螺栓： 检查安全带功能方法错误扣2分 检查安全带螺栓方法错误扣2分	4				
	维修指示灯的初始化	2				
	蓄电池起动前检查	2				
	蓄电池起动后检查	2				
	空气滤清器滤芯的更换	2				
任务完成情况	是否圆满完成	5				
工具和设备使用	是否规范标准	5				
劳动纪律	是否严格遵守	2				
工单填写	是否完整规范	2				
总　分		100				
教师签名				得分		

四、学习拓展

1.查阅资料，说明丰田卡罗拉轿车定期维护在顶起位置一的维护内容有哪些，与爱丽舍轿车的维护方法有哪些区别。

2.查阅资料，说明丰田轿车维护的顶起位置有几个。

学习任务十三

车辆在顶起位置二的维护

学习目标

◎完成本学习任务后，你应当能：

1.掌握举升机的安全使用；

2.掌握前减振器的检查；

3.熟练掌握盘式制动器的检查；

4.熟练掌握鼓式制动器的检查；

5.熟练掌握车轮的检查。

建议完成本任务的时间为6课时。

学习任务描述

一辆爱丽舍轿车行驶24 500km后到维修站进行例行维护，操作人员在进行完顶起位置一工作后，将车辆举升到顶起位置二（半人高位置）。请你对该车进行顶起位置二的例行维护。

学习内容

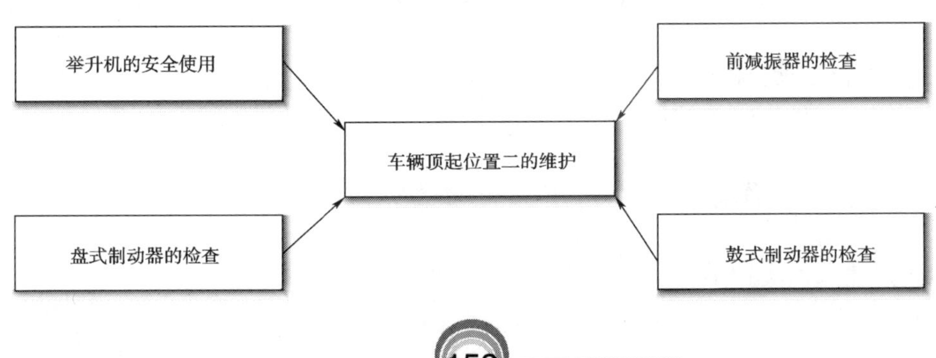

一、资料收集

引导问题 1　爱丽舍轿车定期维护在顶起位置二的维护内容有哪些？

爱丽舍轿车定期维护在顶起位置二的维护内容有：减振器的检查和制动器的检查等。

二、实施作业

引导问题 2　作业需要哪些工具、设备和材料？

（1）气动扭力扳手、百分表和磁性座、千分尺、游标卡尺、钢丝钩、梅花扳手、橡胶锤、扭力杆和接杆套筒、一字螺丝刀和花纹深度尺，如图13-1所示。

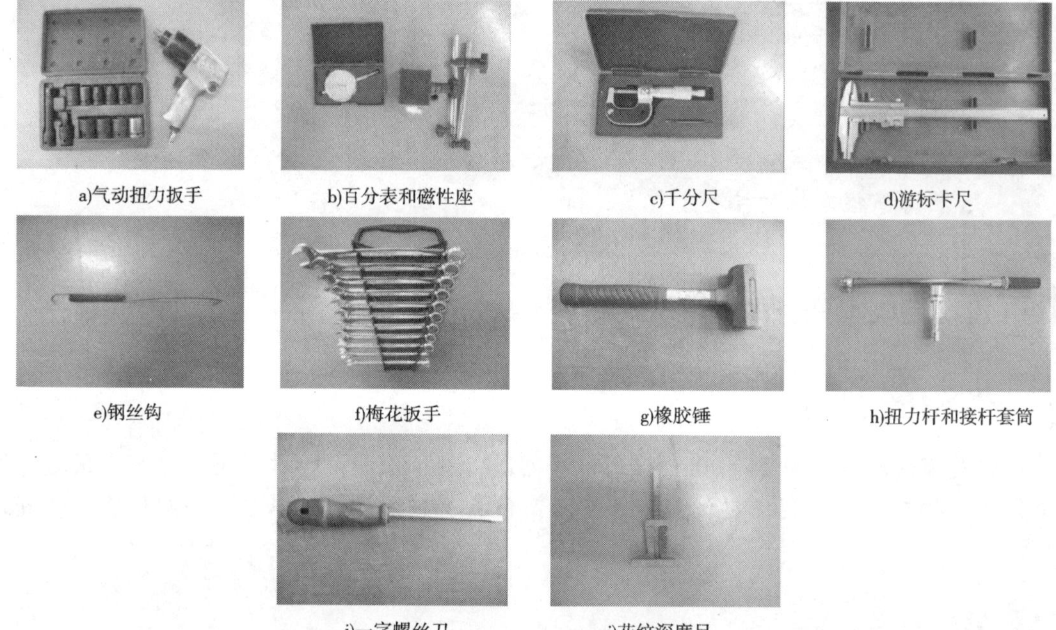

a)气动扭力扳手　b)百分表和磁性座　c)千分尺　d)游标卡尺　e)钢丝钩　f)梅花扳手　g)橡胶锤　h)扭力杆和接杆套筒　i)一字螺丝刀　j)花纹深度尺

图13-1　顶起位置二所需实训器材

（2）举升机和爱丽舍轿车。

（3）爱丽舍轿车维修手册。

引导问题 3　作业前的准备工作有哪些？

（1）汽车进入工位前，将工位清理干净，准备好相关的器材。

（2）将汽车停驻在举升机中央位置。

（3）安装防护五件套。

（4）释放驻车制动。

（5）打开后行李舱，如图13-2所示。

图13-2　打开行李舱门

注意：

检查仪表板上行李舱开关是否能正常开启。

（6）预松车轮螺栓（这里只举例拧松左前轮胎螺栓），如图13-3所示。

图13-3　拧松车轮螺栓

注意：

应该用向上提的方法，交叉拧松轮胎螺栓。

（7）用摇杆拧松备胎托架螺栓，如图13-4所示。

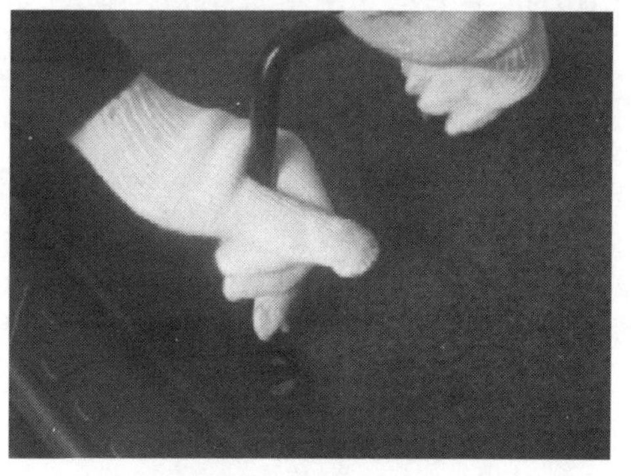

图13-4　放松备胎托架

注意：

只拧松备胎托架螺栓，切不可拧得过松，以防螺栓脱落。

（8）举起车辆至顶起位置二，如图13-5所示。

图13-5　车辆在顶起位置二

引导问题 4　车轮轴承有哪些检查项目？

1　车轮轴承的松旷（左前）检查

（1）学生站在车辆左侧，面对左侧车轮，左脚前跨半步。左手握住车轮上端，右手握住车轮下端，上下摇动车轮，观察车轮是否晃动，如图13-6所示。

图13-6　上下摇动车轮

（2）左手握住车轮左端，右手握住车轮右端，用力推拉车轮，观察车轮是否晃动，如图13-7所示。

图13-7　用力推拉车轮

注意：

一定用十字交叉的方法检查车轮轴承。

2 车轮轴承的异响（左前）检查

车轮轴承的异响（左前）检查，如图13-8所示。

图13-8 检查左前车轮异响

注意：

用手转动车轮后靠近车轮用耳朵听轴承处的声音，以判断其是否无异响、无噪声地平稳转动。

其他车轮采用同样的方式进行检查。

引导问题5 车辆前减振器有哪些检查项目？

1 拆卸左前车轮，检查左前减振器是否损坏和漏油

（1）用双手触摸减振器，以检查减振器是否有裂纹、压痕、弯曲、变形等损坏，如图13-9所示。

图13-9 检查减振器有无损坏

（2）检查减振器是否漏油，如图13-10所示。

2 检查左前减振器防尘套是否损坏

用双手触摸减振器防尘套，以检查其是否损坏，如图13-11所示。

图13-10　检查减振器是否漏油

注意：

用抹布擦干净减振器表面，再观察是否有油渗出。

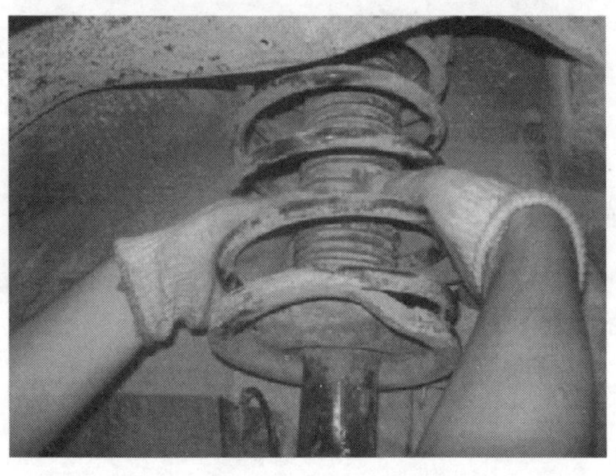
图13-11　检查减振器防尘套是否损坏

注意：

如果光线不足可用手电筒来照明。

3　检查左前减振器弹簧是否损坏（图13-12）。

右前减振器采用同样的方法检查。

图13-12　检查减振器弹簧是否损坏

注意：

用双手触摸减振器螺旋弹簧，以检查其是否有裂纹、压痕、弯曲、变形之类的损坏。

引导问题 6 盘式制动器有哪些检查项目?

1 拆卸盘式制动器（左前）

（1）用13mm的梅花扳手将制动卡钳螺栓旋松。

（2）用手将拧松的制动卡钳螺栓旋出来。

（3）将制动卡钳螺栓和13mm梅花扳手放在工具车上。

（4）用S形钢丝钩勾起制动卡钳。

（5）双手将摩擦片从制动盘上取下，放到工具车上。

2 摩擦片的检查

（1）用钢直尺检查摩擦片厚度。

（2）用同样的方法检查另一块摩擦片，如果发现一侧摩擦片厚度小于极限值，应及时更换摩擦片。

3 检查制动盘厚度

（1）从工具车中取出外径千分尺，清洁千分尺表面。

（2）对千分尺进行校零操作，以保证测量精度。

（3）用粉笔在制动盘上作测量点记号，以便测量。

（4）站到左前制动盘前，将千分尺旋开，使其间距大于制动盘厚度，以便于测量。

（5）读取第一个测量位置厚度，转动制动盘120° 再测量第二个位置厚度，再次转动制动盘120° 测量第三个位置厚度，并与标准值进行比较。

（6）测量完成后，清洁千分尺测量面，再将千分尺归零，然后再次清洁千分尺表面，将其放回盒内。

4 检查制动盘跳动量

（1）利用隔套将制动盘与轮毂固定，螺栓拧紧力矩为90N·m。

（2）将测量用磁性表座从工具车中取出，以便进行测量。

（3）将磁性表座安装到车辆上，调整到合适位置放置稳定后，再打开磁性开关。

（4）从工具车中取出百分表，用手顶一下百分表探针，检查能否归零，如不正常则需调整。

（5）将百分表安装到磁性表座上，调整好测量点。

（6）双手握住轮胎螺栓，转动制动盘，观察百分表指针的摆动情况，以最大的摆动量为准，并读出制动盘跳动量。

（7）测量完成后，拆下百分表，清洁后装回盒子里。

（8）松开磁性座开关，将磁性表座从车上取下。

（9）将磁性表座拆下，清洁后放回原位。

（10）将四个轮胎螺栓从制动盘上拆下，放置在工具车上。

5 安装摩擦片

（1）将摩擦片从工具车上拿出，左手拿内侧摩擦片，右手拿外侧摩擦片。
（2）用双手将内外摩擦片安装在制动盘制动卡钳上。
（3）将固定制动轮缸的钢丝钩从减振器上取下。左手拿住制动轮缸，右手取下钢丝钩。
（4）用手检查制动轮缸是否有泄漏情况。
（5）将制动轮缸放下，安装到规定位置。
（6）将制动卡钳螺栓用手装到规定位置。
（7）从工具车上取出可调式扭力扳手，调到规定值，用13mm套筒将制动卡钳螺栓紧固。

6 车轮的临时安装

（1）从轮胎架上抱起轮胎，安装到制动盘上。
（2）将最上方轮胎螺栓装到车轮上。如果不好装，可要求另一名学生配合安装。
（3）将其他轮胎螺栓按照交叉对角的方式，安装到轮胎上。
（4）从工具车上取出接杆棘轮扳手和轮胎套筒装好，按照上下左右的顺序临时紧固轮胎螺栓。

引导问题7 右后车轮鼓式制动器有哪些检查项目？

1 拆卸制动鼓

（1）用一字螺丝刀将后轮防尘罩取出。
（2）用扭力扳手将后轮毂轴螺母拧松并拆下。
（3）用双手将制动鼓从车上拿下，放在工具车上。

2 检查制动蹄片厚度

（1）清洁游标卡尺，对其进行校正。
（2）检查制动蹄片厚度。
（3）检查后清洁游标卡尺。

3 检查制动鼓

（1）用游标卡尺检查制动鼓直径。
（2）检查制动鼓是否有异常磨损。
（3）用砂纸打磨制动鼓后清洁干净。

4 检查制动轮缸密封性

检查制动轮缸是否有泄漏。

5 检查自动调整间隙功能

6 安装制动鼓

（1）双手拿起制动鼓，安装到后轴上。
（2）从工具车上拿起后轮毂轴螺母，安装在后轴上。
（3）用预置力扭力扳手将后轮毂轴螺母安装到位。

7 车轮的临时安装

（1）从轮胎架上抱起轮胎，安装到制动盘上。
（2）将最上方轮胎螺栓装到车轮上。
（3）将其他轮胎螺栓按照交叉的方法，安装到轮胎上。
（4）从工具车上取出接杆和轮胎套筒装好，拧紧轮胎螺栓。

引导问题 8 车轮需要进行哪些检查？

此处只描述备胎的检查方法。
将备胎从车上取下，放在轮胎架上（图13-13）。
（1）检查轮胎胎面是否有裂纹和损坏。
（2）检查轮胎花纹中是否有金属颗粒和其他异物。
（3）检查轮胎是否异常磨损。
（4）检查轮辋是否损坏和腐蚀。
（5）检查轮胎平衡块是否缺失。
（6）使用轮胎花纹深度尺测量轮胎面沟槽深度，检查完后将工具放置在工具车中。
（7）检查气门嘴。
（8）安装备胎（图13-14）。

图13-13 取下备胎

图13-14 备胎的安装

每个车轮（含备胎）都用同样的方法进行检查。

引导问题 9 根据你的操作，填写表13-1。

表13-1

东风雪铁龙定期维护表

CITROËN　　东风雪铁龙

定期维护

所有类型的汽油和双燃料车

□ 2006 1/2年型之后

4CN

□ 维护间隔 10 000km或每1年(TU3JP/K、TU5JP/K)
□ 维护间隔 15 000km或每1年(TU3AF、TU5JP4、EW10J4)，使用5W30机油
□ 维护间隔 15 000km或每1年(EW10A)，使用10W40机油

维护类型：　　km　　年

标准操作

其他 □　5W30 □　10W40SJ □

	操作	核查
■ 更换：		
— 发动机机油	□	□
— 机油滤清器	□	□
— 空气滤清器滤芯(TU3JP/K、TU5JP/K)	□	□
■ 检查以下液面，必要时添加：		
— 冷却液(包括检查浓度)	□	□
— 风窗玻璃洗涤液	□	□
— 制动液	□	□
— 动力转向液(依车型而定)	□	□
■ 检查，必要时更换		
— 管路系统、发动机和变速器箱壳体的密封和状况	□	□
— 传动轴、球销(包括变速操纵连接杆)和转向齿条防尘套密封和状况	□	□
— 三角臂和连接杆球头的密封及状况	□	□
— 前后减振密封和状况	□	□
— 排气管路和车身底部状况	□	□
— 轮胎磨损状况、压力和力矩	□	□
前 ___% 后 ___% 备胎 ___%		
— 照明灯、信号灯和喇叭	□	□
— 刮水器的状况	□	□
— 蓄电池的状况	□	□
— 前制动片磨损，包括制动盘的检查	□	□
制动片 左 ___mm 右 ___mm		
制动片 左 ___mm 右 ___mm		
— 后制动片磨损、包括制动盘的检查(依车型而定)	□	□
制动片 左 ___mm 右 ___mm		
制动片 左 ___mm 右 ___mm		
■ 清洁		
— 曲轴箱通风管、油气分离器(依车型而定)	□	□
— 进气压力传感器集油罐(依车型而定)	□	□
— 空气滤清器滤芯(依车型而定)	□	□
— 座舱空气过滤器(依车型而定)	□	□
■ 初始化：维护提示器(依车型而定)	□	□
■ 路试	□	□
■ 读取：自诊断内存	□	□

一般操作

每30 000km	操作	核查
▲ 更换：		
— 空气滤清器滤芯(依车型而定)	□	□
— 座舱空气过滤器(依车型而定)	□	□
— 火花塞	□	□
▲ 检查：		
— 气门间隙(依车型而定)	□	□
— 轮毂、球销、拉杆和铰链的间隙	□	□
— 离合器踏板的行程(依车型而定)	□	□
— 附件皮带张力和状况	□	□
— 驻车制动器制动刀	□	□
— 后制动蹄片磨损，包括制动鼓的检查(依车型而定)	□	□
拆下车轮检查 制动蹄 左 ___mm 右 ___mm		
制动蹄 左 ___mm 右 ___mm		

正时皮带

	操作	核查
● 更换：		
◎ 正时皮带	□	□
· 每80 000km或每6年(TU3JP/K、TU5JP/K)		
· 每90 000km或每6年		

根据使用年限

		操作	核查
● 测试：怠速和尾气排放	每1年	□	□
● 更换：			
◎ 冷却液	每2年	□	□
◎ 制动液(第1年检查含水率)	每2年	□	□
◎ 预张紧安全带和安全气囊	每10年	□	□

专门的操作

	操作	核查
所有车辆		
● 更换：		
◎ 汽油滤清器，每40 000km或45 000km(依车型而定)	□	□
GNG和LPG车型		
● 检查，每5 000km或7 500km(依车型而定)		
– 管路的密封和状况	□	□
– 供气系统各部件松动状况	□	□
● 检查，每15 000km(热机状况下)		
– 急速、λ值、系统工作参数	□	□
● 清洁，每45 000km(依车型而定)		
– 喷嘴	□	□
● 更换，每1年或10万km （出租车)(依车型而定)		
每2年或6万km （出租车)(依车型而定)		
– 低压气管组件	□	□

本人确认：

车辆识别号为LDC □□□□□□□□□□□□□□

的__________(车辆牌照号)车辆进行了维护。

维护操作人员签名：　　　　日期：

编号:BD-015-01/03/08

▲ 阶段性一般操作　　■ 经常性一般操作　　◎ 根据生产商的建议额外增加的操作

车间联

三、评价与反馈

对本学习任务进行评价，填写表13-2。

评价与反馈表 表13-2

考核项目	评分标准	分数	学生自评	小组互评	教师评价	小计
团队合作	是否和谐	3				
活动参与	是否积极主动	3				
安全生产	有无安全隐患	10				
现场5S	是否做到	5				
任务方案	是否正确合理	5				
操作过程	安装举升机支架	2				
	操作举升机安全提示未能安全	2				
	拆卸左前车轮	2				
	检查车轮轴承	2				
	检查前减振器	4				
	拆卸盘式制动器	4				
	检查摩擦片	2				
	转向制动盘厚度	4				
	检查制动盘跳动量	10				
	安装摩擦片和制动卡钳	2				
	安装左前车轮	2				
	拆卸右后车轮	2				
	拆卸右后制动鼓	2				
	检查鼓式制动器摩擦片	2				
	检查制动鼓直径	2				
	检查制动分泵	2				
	检查自动间隙调整功能	2				
	安装制动鼓	2				
	安装右后车轮	2				
	检查备胎	4				
	检查备胎花纹厚度	4				
任务完成情况	是否圆满完成	5				
工具和设备使用	是否规范标准	5				
劳动纪律	是否严格遵守	2				
工单填写	是否完整规范	2				
总　分		100				
教师签名				得分		

四、学习拓展

1.查阅资料，简述举升机的安全操作方法。

2.查阅资料，简述制动盘跳动量的检查方法。

3.查阅资料，简述车轮的检查项目。

学习任务十四

车辆在顶起位置三的维护

学习目标

◎完成本学习任务后，你应当能：

1.掌握车辆在举升机顶部机油排放的操作方法；

2.掌握车辆下部各防尘套的检查方法；

3.掌握车辆中后部管路的检查方法；

4.掌握后减振器和后桥的检查方法。

建议完成本任务的时间为4课时。

学习任务描述

一辆爱丽舍轿车在行驶24 500km后到维修站进行例行维护，维护人员进行完车辆在顶起位置二的维护工作后，将车辆举至举升机顶部，请你对该车进行这一位置的例行维护。

学习内容

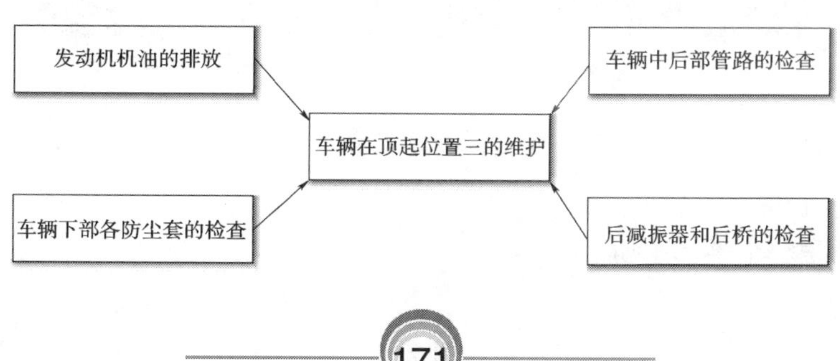

一、资料收集

引导问题 1　车辆在顶起位置三有哪些维护项目?

当车辆在顶起位置三时，应该拆下发动机下护板，用桶式废油接油机收集车辆废机油，检查发动机和变速器下部的密封性，检查车辆全部防尘套，检查各链接机构是否牢固，并进行车辆中后部管路的检查，后桥及后减振器的检查。

二、实施作业

引导问题 2　作业需要哪些工具、设备和材料?

（1）机油回收桶、接杆和套筒、梅花扳手、LED手电筒和排放塞垫片，如图14-1所示。

a)桶式废油接油机

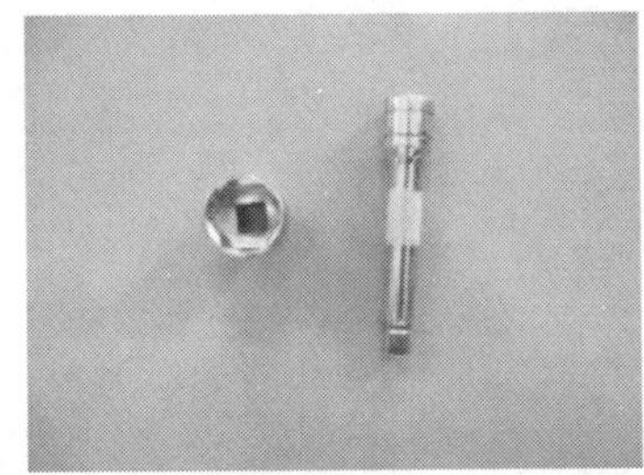

b)接杆和套筒

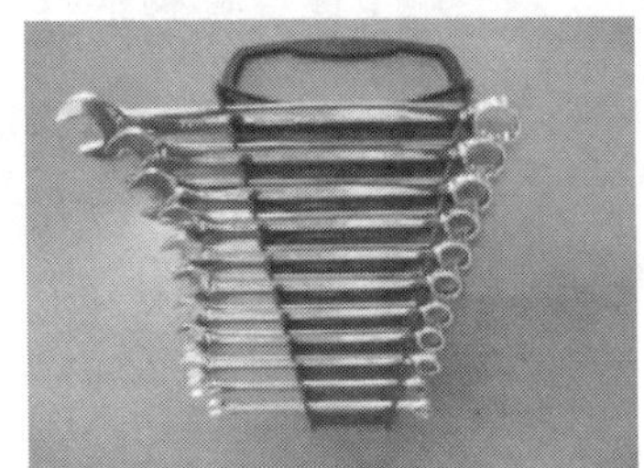

c)梅花扳手

d)LED手电筒

e)排放塞垫片

图14-1　车辆在举升机顶部的维护需要的工具和备件

（2）举升机和爱丽舍轿车。

（3）爱丽舍轿车维修手册。

引导问题3 作业前的准备工作有哪些?

（1）汽车进入工位前，将工位清理干净，准备好相关的器材。

（2）将汽车停驻在举升机中央位置。

（3）拉紧驻车制动器操纵杆，并将变速杆置于空挡或驻车挡（P挡）位置。

（4）安装防护五件套。

（5）将车辆举升至顶起位置三，并拆下发动机护板，如图14-2所示。

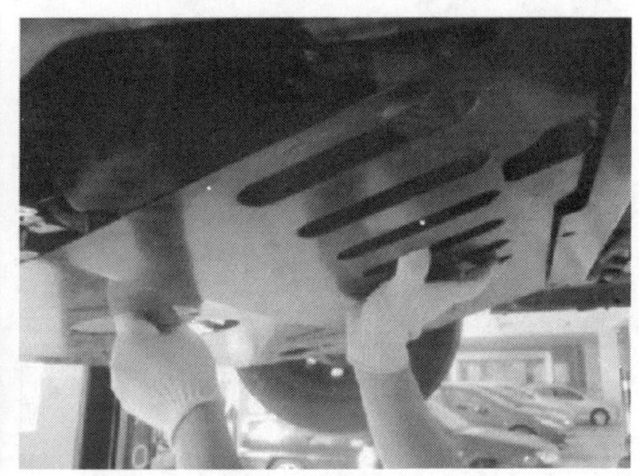

图14-2　车辆举升至顶起位置三并拆下发动机护板

引导问题4 如何检查发动机底部各配合表面是否漏油?

（1）检查发动机下部各配合表面是否漏油，如图14-3所示。

图14-3　检查发动机油底壳是否漏油

注意：

用双手触摸发动机各部位配合表面，检查是否漏油。如果发现有漏油现象，先用纱布把漏油表面清理干净，几分钟后再观察是否有油渗出。

（2）检查发动机曲轴油封是否漏油，如图14-4所示。

（3）检查机油排放塞是否漏油，如图14-5所示。

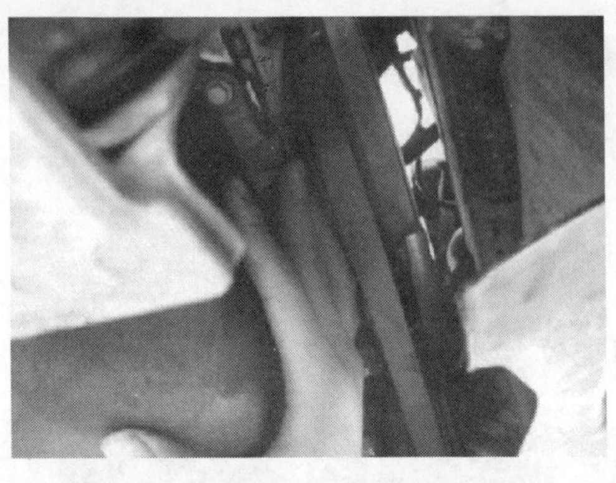

图14-4　检查发动机曲轴油封是否漏油

注意：

用双手触摸发动机曲轴油封，检查是否漏油。如果发现有漏油现象，先用纱布把漏油表面清理干净，几分钟后再观察是否有油渗出。

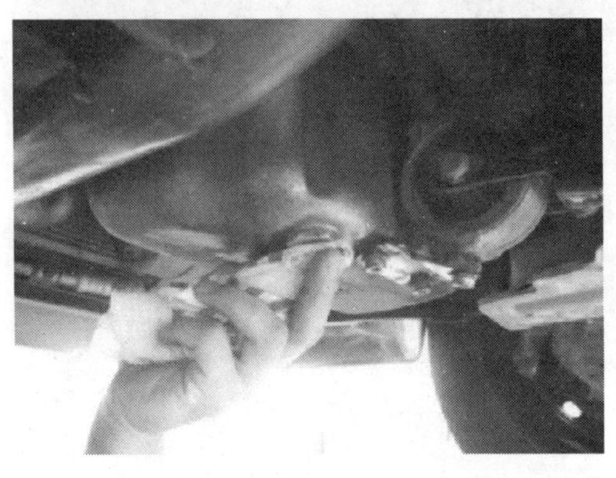

图14-5　检查发动机放油螺塞是否漏油

注意：

用双手触摸机油排放塞，检查是否漏油。如果发现有漏油现象，先用纱布把漏油表面清理干净，几分钟后再观察是否有油渗出。

引导问题5　如何排放发动机机油？

（1）将桶式废油接油机推到车辆前面。

（2）先旋松油桶上的锁止螺母，然后将机油接油盘升到最高位置，最后旋紧锁止螺母。

（3）将机油接油盘放置在发动机油底壳的正下方。

（4）拧松排放塞螺栓。

（5）拧松排放塞数圈后，将专用工具清洁后放回工具车。

（6）一手拿抹布，另一只手旋下机油排放塞螺栓。

（7）取下排放塞螺栓和垫片，排放机油。

（8）取下排放塞螺栓和垫片后，用抹布擦干净，然后放在工具车上。

引导问题6　如何检查车辆下部防尘套？

（1）检查左右两侧转向球节防尘套，如图14-6所示。

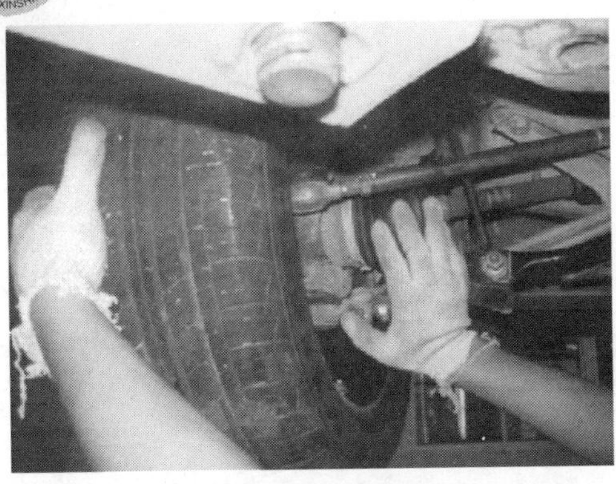
图14-6　检查左侧球节护套

注意：

一只手转动车轮，另一只手检查转向球节防尘套固定处是否牢靠，有无老化、裂纹、破损或漏油。

（2）检查左右两侧传动轴护套，如图14-7所示。

图14-7　检查传动轴护套

注意：

一只手转动车轮，另一只手检查传动轴护套固定处是否牢靠，有无老化、裂纹、破损或漏油。

（3）检查左右两侧球头座，检查左侧传动轴护套，如图14-8所示。

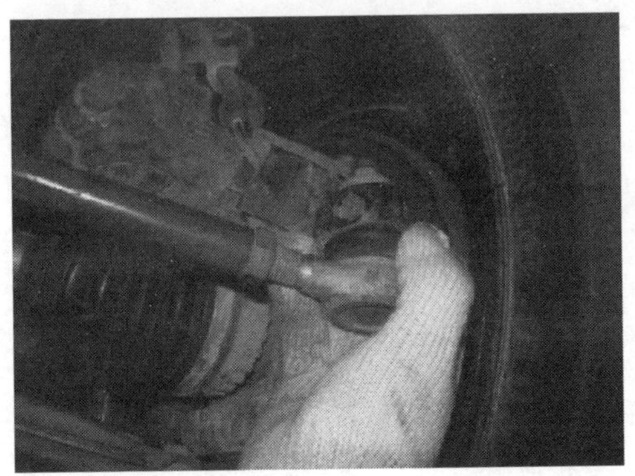
图14-8　检查横拉杆球头护套

注意：

分别检查左右两侧球头座处有无磕碰，变形、裂纹。

（4）检查转向齿条护套，如图14-9所示。

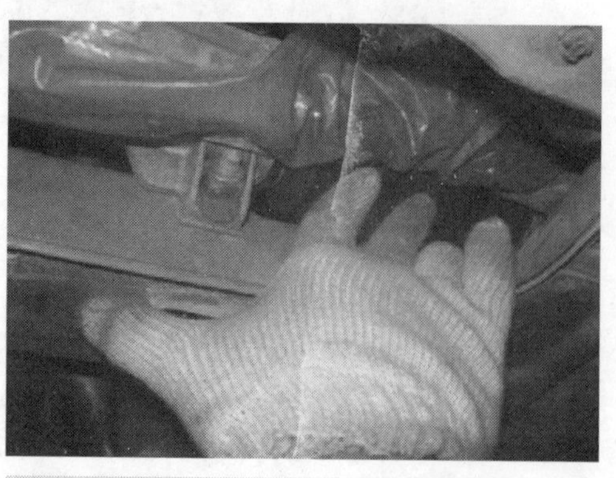

图14-9　检查转向器齿条护套

注意：

将左侧转向齿条护套拉伸，检查有无老化、裂纹、破损或漏油。

右侧转向齿条护套用同样的方法检查。

（5）检查三角臂和连接杆球头的密封和使用状况，如图14-10所示。

图14-10　检查三角臂球头护套

注意：

检查三角臂球头有无磕碰、变形，球头处密封是否良好。

引导问题 7　如何检查车辆中后部管路？

（1）制动管路的检查，如图14-11所示。

图14-11　检查制动管路

注意：

由车前到车后，检查制动管路有无压痕、裂纹、破损和泄漏，安装状态是否良好。

（2）燃油管路的检查，如图14-12所示。

图14-12 检查燃油管路

注意：

由车后到车前，检查燃油管路有无压痕、裂纹、破损和泄漏，安装状态是否良好。

引导问题 8 如何检查车辆排气管和排气管固定件？

（1）检查消声器是否损坏，如图14-13所示。

图14-13 检查消声器

注意：

用双手触摸消声器，检查消声器表面是否变形、裂纹、锈蚀、泄漏。

（2）检查消声器固定件是否损坏，如图14-14所示。

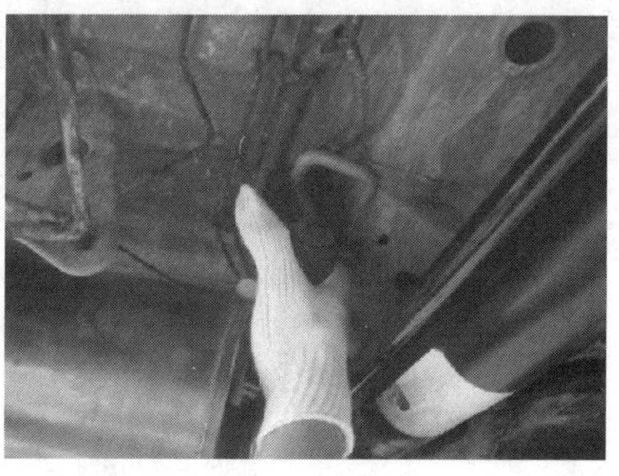

图14-14 检查消声器固定件

注意：

检查消声器的O形圈是否腐蚀和损坏，安装件是否良好。

（3）检查排气管是否损坏。双手戴好手套，从消声器开始由车后部向车前边走边检查，检查有无变形、裂纹、锈蚀、泄漏，如图14-15所示。

图14-15　检查排气管

注意：

由于车辆运行后，排气管温度很高，检查排气管时必须戴手套。

（4）检查密封垫片损坏。学生走到车前部，双手检查排气管密封垫片是否有损坏，如图14-16所示。

图14-16　检查排气管密封状况

注意：

静态时必须要有检查和摇动的动作；

如底盘有刮蹭，要发动车辆检查排气管；

发现有问题时应通过接车员要求用户更换。

引导问题 9　如何检查车辆的后桥？

（1）检查后减振器密封和使用状况。用双手去触摸减振器，检查减振器是否有裂纹、压痕、弯曲、变形和泄漏，如图14-17所示。

图14-17　检查左后减振器

注意：

由车前到车后，检查制动管路有无压痕、裂纹、破损和泄漏，安装状态是否良好。

（2）检查下摆臂工作状况，如图14-18所示。

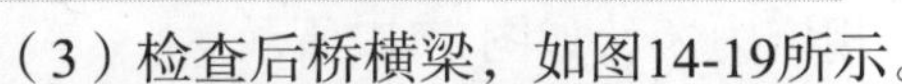
图14-18　检查左后下摆臂

注意：

学生托住车轮向上推动，检查是否损坏。

（3）检查后桥横梁，如图14-19所示。

图14-19　检查后横梁

注意：

用双手去摸后桥横梁，检查是否有裂纹、凹痕、弯曲、变形等损坏。

引导问题 10　更换机油排放螺栓有哪些要求？

（1）观察机油排放口滴油情况，如图14-20所示。

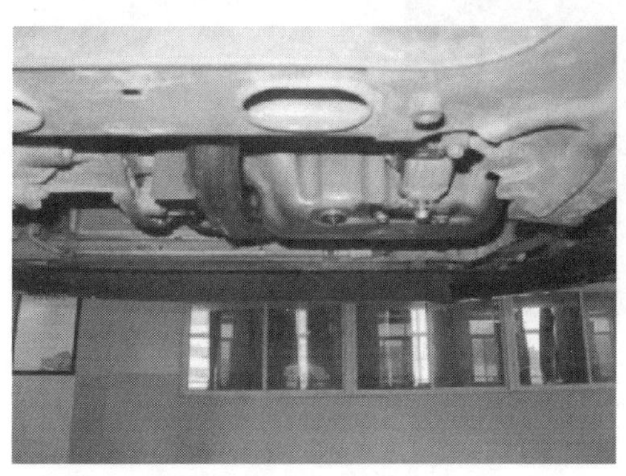

图14-20　观察机油排放情况

注意：

要求呈滴状流出至≤1 滴/s。

（2）更换机油排放螺栓垫片，螺栓用手完全拧入，如图14-21所示。

图14-21 安装机油排放螺栓

（3）用专用工具或套筒将机油排放螺栓拧至规定力矩，如图14-22所示。

图14-22 将机油排放螺栓拧至规定力矩

注意：

机油排放螺栓规定拧紧力矩为25N·m。

（4）将机油接油盘降下，把桶式废油接油机推到车前方，如图14-23所示。

图14-23 拉出机油回收车

所有维护完毕后安装下护板。

引导问题 11 **根据你的操作，填写表14-1。**

定期维护表

表14-1

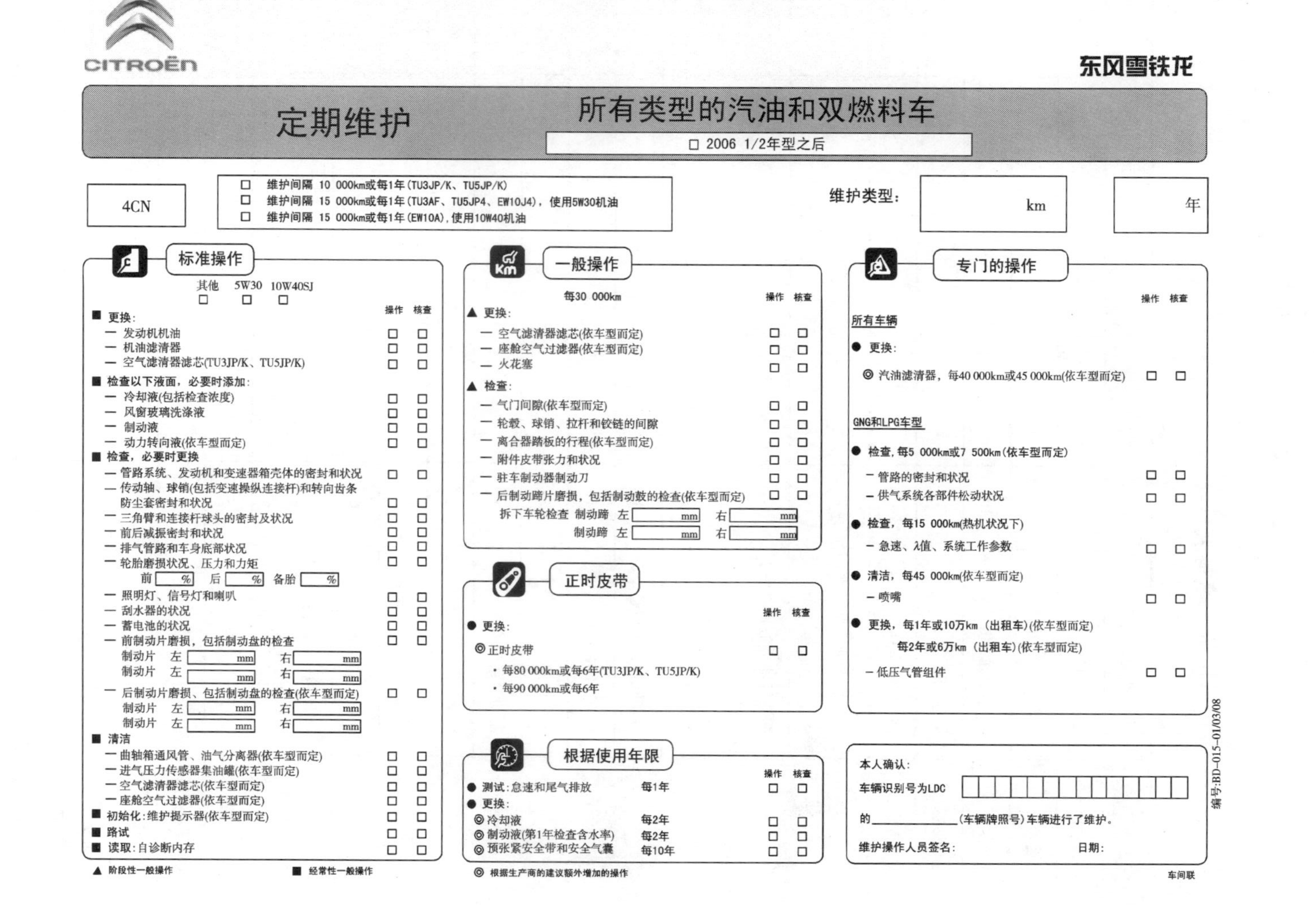

CITROËN　　东风雪铁龙

定期维护　　**所有类型的汽油和双燃料车**

□ 2006 1/2年型之后

4CN

□ 维护间隔 10 000km或每1年(TU3JP/K、TU5JP/K)
□ 维护间隔 15 000km或每1年(TU3AF、TU5JP4、EW10J4)，使用5W30机油
□ 维护间隔 15 000km或每1年(EW10A)，使用10W40机油

维护类型：　　km　　年

标准操作

其他 □　5W30 □　10W40SJ □

	操作	核查
■ 更换：		
— 发动机机油	□	□
— 机油滤清器	□	□
— 空气滤清器滤芯(TU3JP/K、TU5JP/K)	□	□
■ 检查以下液面，必要时添加：		
— 冷却液(包括检查浓度)	□	□
— 风窗玻璃洗涤液	□	□
— 制动液	□	□
— 动力转向液(依车型而定)	□	□
■ 检查，必要时更换		
— 管路系统、发动机和变速器箱壳体的密封和状况	□	□
— 传动轴、球销(包括变速操纵连接杆)和转向齿条防尘套密封和状况	□	□
— 三角臂和连接杆球头的密封及状况	□	□
— 前后减振密封和状况	□	□
— 排气管路和车身底部状况	□	□
— 轮胎磨损状况、压力和力矩　前 ___% 后 ___% 备胎 ___%	□	□
— 照明灯、信号灯和喇叭	□	□
— 刮水器的状况	□	□
— 蓄电池的状况	□	□
— 前制动片磨损，包括制动盘的检查 制动片 左 ___mm 右 ___mm 制动片 左 ___mm 右 ___mm	□	□
— 后制动片磨损、包括制动盘的检查(依车型而定) 制动片 左 ___mm 右 ___mm 制动片 左 ___mm 右 ___mm	□	□
■ 清洁		
— 曲轴箱通风管、油气分离器(依车型而定)	□	□
— 进气压力传感器集油罐(依车型而定)	□	□
— 空气滤清器滤芯(依车型而定)	□	□
— 座舱空气过滤器(依车型而定)	□	□
■ 初始化：维护提示器(依车型而定)	□	□
■ 路试	□	□
■ 读取：自诊断内存	□	□

▲ 阶段性一般操作　　■ 经常性一般操作

一般操作

每30 000km

	操作	核查
▲ 更换：		
— 空气滤清器滤芯(依车型而定)	□	□
— 座舱空气过滤器(依车型而定)	□	□
— 火花塞	□	□
▲ 检查：		
— 气门间隙(依车型而定)	□	□
— 轮毂、球销、拉杆和铰链的间隙	□	□
— 离合器踏板的行程(依车型而定)	□	□
— 附件皮带张力和状况	□	□
— 驻车制动器制动刀	□	□
— 后制动蹄片磨损，包括制动鼓的检查(依车型而定) 拆下车轮检查 制动蹄 左 ___mm 右 ___mm 制动蹄 左 ___mm 右 ___mm	□	□

正时皮带

	操作	核查
● 更换：		
◎ 正时皮带 · 每80 000km或每6年(TU3JP/K、TU5JP/K) · 每90 000km或每6年	□	□

根据使用年限

		操作	核查
● 测试：怠速和尾气排放	每1年	□	□
● 更换：			
◎ 冷却液	每2年	□	□
◎ 制动液(第1年检查含水率)	每2年	□	□
◎ 预张紧安全带和安全气囊	每10年	□	□

◎ 根据生产商的建议额外增加的操作

专门的操作

	操作	核查
所有车辆		
● 更换：		
◎ 汽油滤清器，每40 000km或45 000km(依车型而定)	□	□
GNG和LPG车型		
● 检查，每5 000km或7 500km(依车型而定)		
– 管路的密封和状况	□	□
– 供气系统各部件松动状况	□	□
● 检查，每15 000km(热机状况下)		
– 怠速、λ值、系统工作参数	□	□
● 清洁，每45 000km(依车型而定)		
– 喷嘴	□	□
● 更换，每1年或10万km（出租车)(依车型而定) 每2年或6万km（出租车)(依车型而定)		
– 低压气管组件	□	□

本人确认：
车辆识别号为LDC □□□□□□□□□□□□□□
的__________(车辆牌照号)车辆进行了维护。
维护操作人员签名：　　日期：

车间联

编号:BD-015-01/03/08

三、评价与反馈

对本学习任务进行评价，填写表14-2。

评价与反馈表 表14-2

考核项目	评分标准	分数	学生自评	小组互评	教师评价	小计
团队合作	是否和谐	5				
活动参与	是否积极主动	5				
安全生产	有无安全隐患	10				
现场5S	是否做到	5				
任务方案	是否正确合理	5				
操作过程	发动机下部各配合表面检查	6				
	拆卸机油排放塞螺栓，释放废机油	4				
	转向球头护套检查	4				
	传动轴护套的检查	4				
	球头座的检查	4				
	转向齿条的检查	4				
	制动管路的检查	4				
	燃油管路的检查	4				
	排气管和消声器的检查	6				
	车辆后桥的检查	6				
	更换机油放油螺栓垫片、安装放油螺塞	4				
任务完成情况	是否圆满完成	5				
工具和设备使用	是否规范标准	5				
劳动纪律	是否严格遵守	5				
工单填写	是否完整规范	5				
总 分		100				
教师签名				得分		

四、学习拓展

1.查阅资料，简述车辆底盘的维护项目。

2.查阅资料，简述车辆下部防尘套的检查方法。

3.查阅资料，简述如何排放发动机废机油。

学习任务十五

车辆在顶起位置四的维护

学习目标

◎**完成本学习任务后，你应当能：**

1.掌握车辆在举升机底部紧固车轮的操作方法；

2.掌握更换机油滤芯的操作方法；

3.掌握更换空气滤芯的操作方法；

4.掌握加注发动机机油的操作方法；

5.掌握发动机舱油水泄漏的检查。

建议完成本任务的时间为4课时。

学习任务描述

一辆爱丽舍轿车在行驶24 500km后到维修站进行例行保养，维护人员完成车辆在顶起位置四的维护工作后将车辆降至举升机底部，请你对该车进行这一位置的例行维护。

学习内容

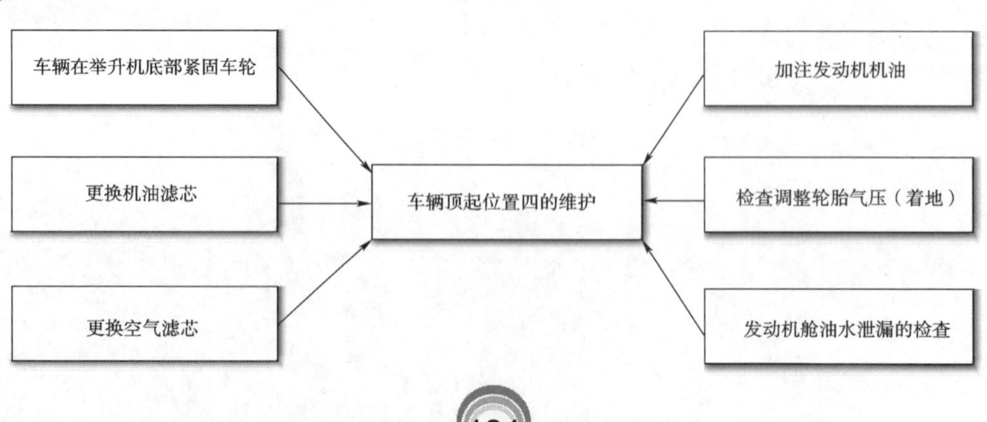

一、资料收集

引导问题 1 **爱丽舍轿车在顶起位置四的维护内容有哪些?**

爱丽舍轿车在顶起位置四的维护内容有：更换机油滤芯，根据里程清洁或更换空气滤芯，加注新发动机机油，检查车辆有无漏油和漏水现象，检查和调整轮胎气压，紧固四个车轮固定螺栓。

二、实施作业

引导问题 2 **作业需要哪些工具、设备和材料?**

（1）套筒和接杆、数字式可调扭力扳手、机油滤芯、空气滤芯、十字螺丝刀和LED手电筒，如图15-1所示。

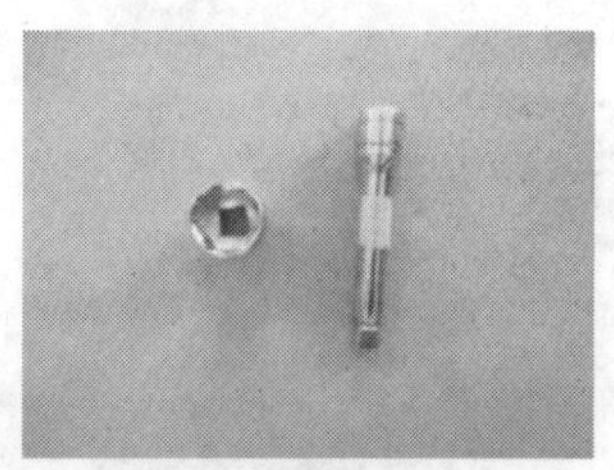

a)套筒和接杆

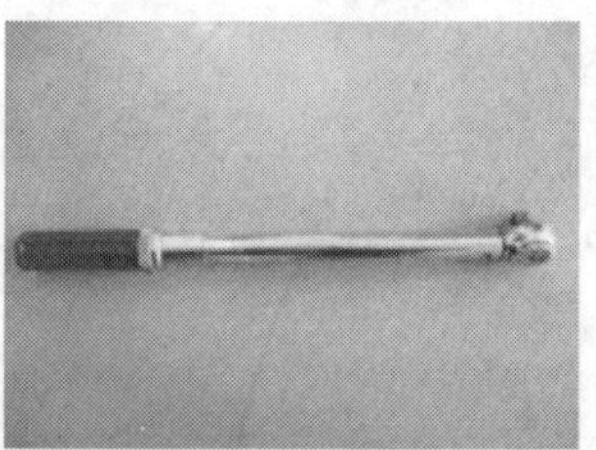

b)数字式可调扭力扳手

c)机油滤芯

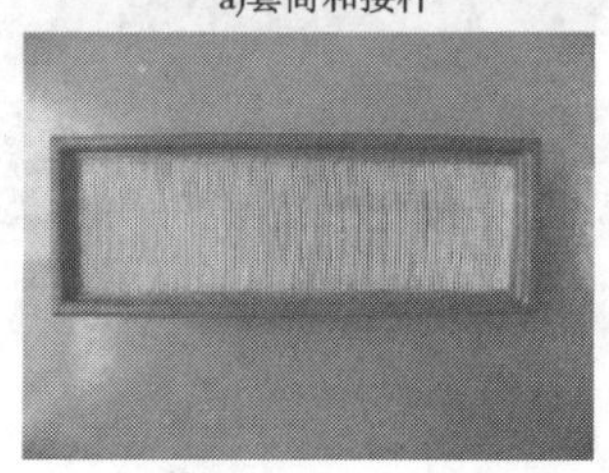

d)空气滤芯

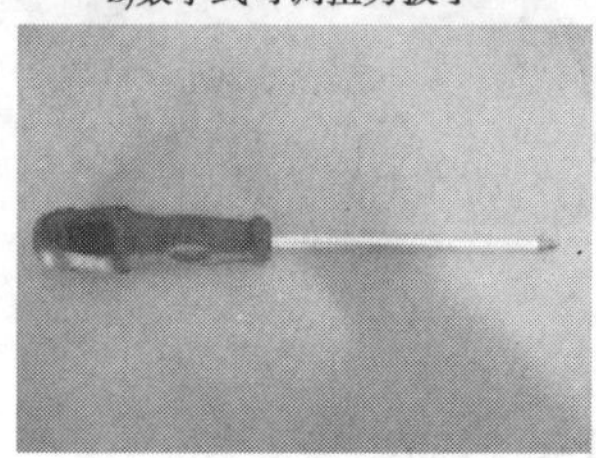

e)十字螺丝刀

f) LED手电筒

图15-1 车辆在举升机底部的维护需要的工具和备件

（2）举升机和爱丽舍轿车。

（3）爱丽舍轿车维修手册。

引导问题 3 **作业前的准备工作有哪些?**

（1）汽车进入工位前，将工位清理干净，准备好相关的器材。

（2）将汽车停驻在举升机中央位置。

（3）拉紧驻车制动器操纵杆，并将变速杆置于空挡或驻车挡（P挡）位置。

（4）安装防护五件套。

（5）将车辆置于顶起位置四，安装车轮挡块，如图15-2所示。

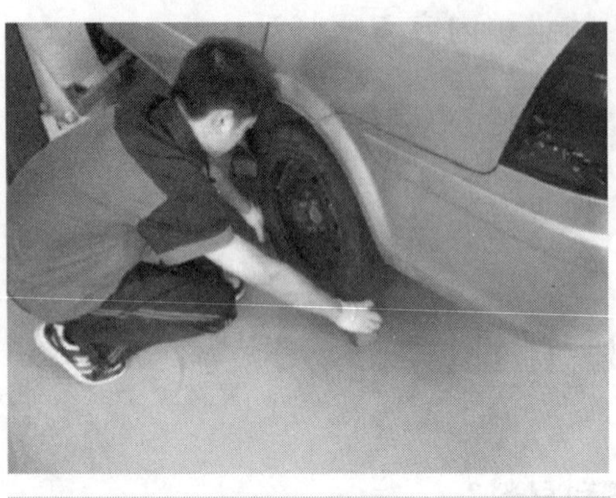

图15-2　安装车轮挡块

注意：

当举升支架离开车辆前，应及时安装车轮挡块。

（6）打开发动机舱盖，安装好舱盖支撑杆，如图15-3所示。

（7）安装好前格栅布和翼子板布，如图15-4所示。

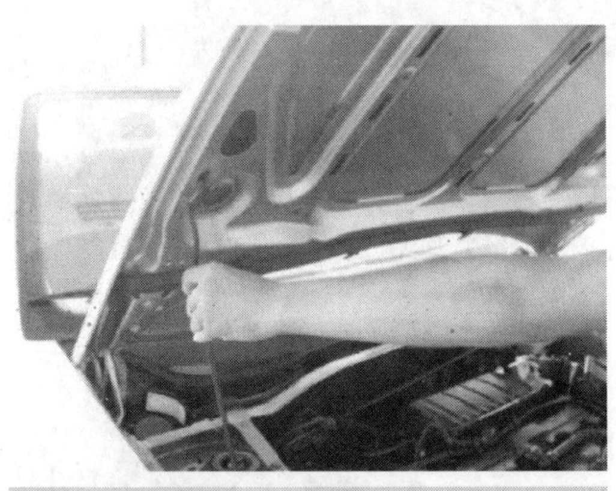

图15-3　安装舱盖支撑杆

图15-4　安装前格栅布和翼子板布

引导问题 4　如何更换机油滤芯？

（1）从工具车上拿出27mm套筒装在长接杆上，并与扭力杆连接。

（2）将套筒套在机油滤清器盖上，并用力拧松。

（3）用手慢慢拧下机油滤清器盖。

（4）在机油回收盘上，拆下机油滤芯和密封圈。

（5）更换机油滤芯和密封圈。

（6）用双手将机油滤清器盖装到发动机上。

（7）用扭力扳手紧固机油滤清器盖。

引导问题5 如何加注发动机机油？

（1）将机油加注口盖从发动机上取下放到零件车上。
（2）从工具车上拿来一壶机油，打开机油壶盖，将其放在工具车上。
（3）将机油壶口对准发动机机油加注口，慢慢倒入发动机机油。
（4）在加机油的过程中一定要注意力集中，注意机油的流速。
（5）在加机油时，一定要注意加注量。加到规定加注量时，即可停止加注。
（6）完成机油加注后，盖好机油壶盖，并放回工具车。
（7）从工具车上拿来机油加注口盖，用手将其拧紧，然后用抹布擦干净。
（8）抽出机油尺，检查发动机机油液面高度是否合适。

引导问题6 如何清洁或更换空气滤芯？

（1）拧松空气滤芯罩螺栓，如图15-5所示。

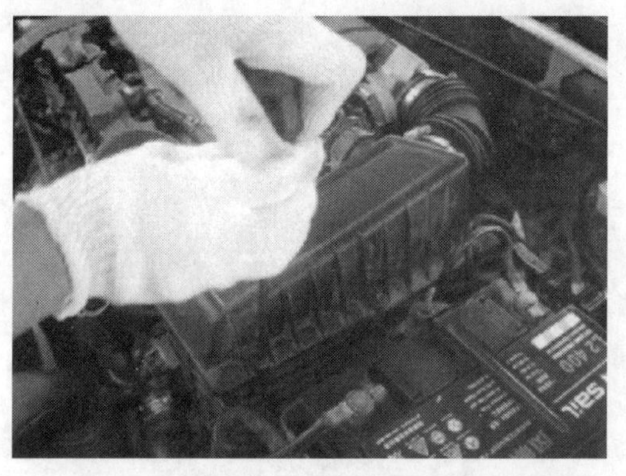
图15-5 拆卸空气滤清器盖螺栓

注意：
用十字螺丝刀采用交叉方法拧松空气滤清器螺栓。

（2）打开空气滤芯罩，然后将里面的空气滤芯拿出，如图15-6所示。

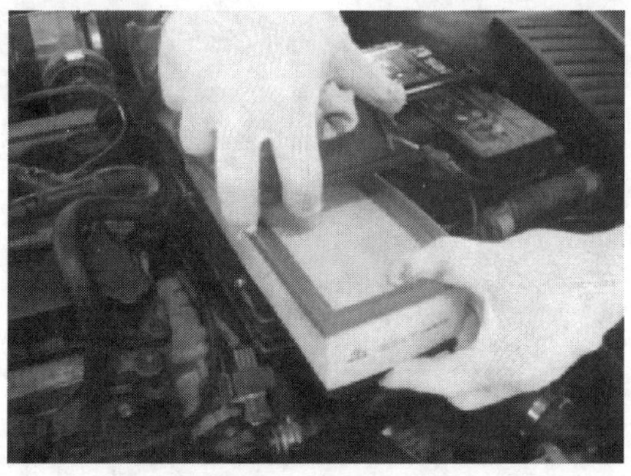
图15-6 拿出空气滤芯

（3）用高压气枪清除空气滤芯的污物，如图15-7所示。

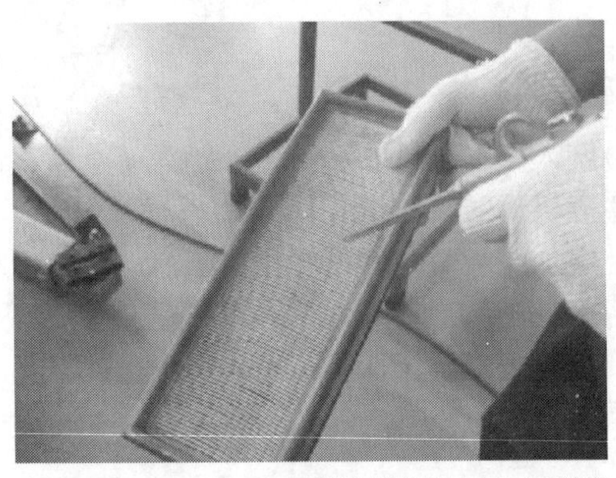

图15-7　清洁空气滤芯

注意：

如果车辆行驶里程超过3万km，必须更换空气滤芯。

（4）用高压气枪清除空气滤清器盒中的污物，如图15-8所示。

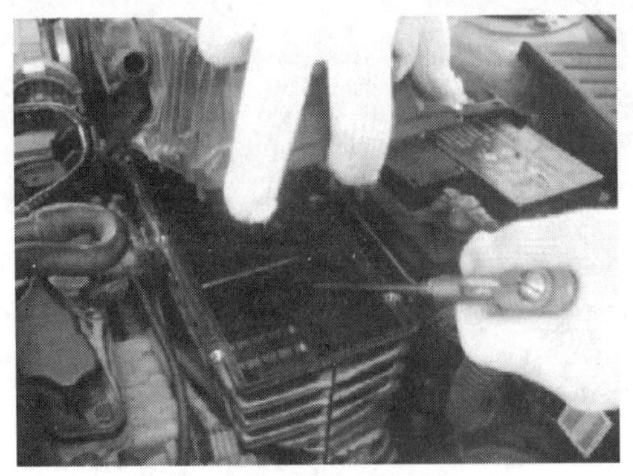

图15-8　清洁空气滤清器盒

注意：

空气滤清器盒用气枪清洁后再用抹布清洁。

（5）将清洁或更换后的空气滤芯放到空气滤清盒中，如图15-9所示。

图15-9　放入干净的空气滤芯

（6）拧紧空气滤芯螺栓，如图15-10所示。

图15-10　拧紧空气滤清器盖螺栓

注意：

用十字螺丝刀采用交叉方式拧紧空气滤芯螺栓。

引导问题 7　如何拧紧轮胎螺栓？

（1）从工具车上拿出17mm套筒装到接杆上，将扭力扳手调至90N·m，如图15-11所示。

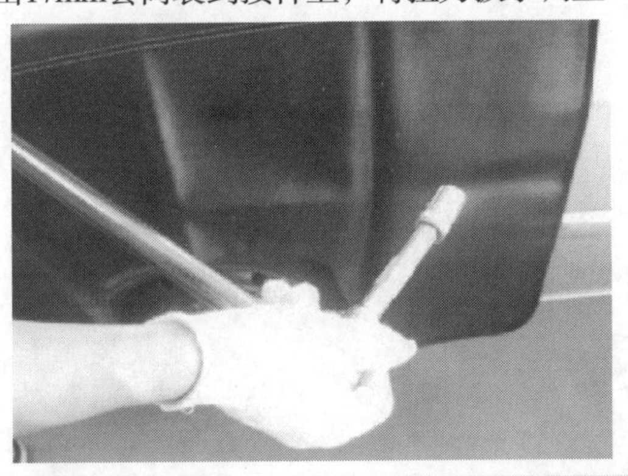
图15-11　将17mm套筒安装到接杆上

（2）拧紧轮胎螺栓，如图15-12所示。

图15-12　拧紧轮胎螺栓

注意：

用左手握住扭力扳手手柄，右手握住连接处，将套筒套在轮胎螺栓上，然后左手慢慢用力拧紧，当听到“嗒”一声后即可停止，此时已达到规定拧紧力矩。

（3）采用同样的方式紧固其他四个车轮螺栓。

注意：轮胎螺栓紧固的顺序采用十字交叉的方式拧紧。

引导问题 8　如何检查轮胎气压?

（1）从工具车上拿出轮胎压力表，并拆下气门嘴盖，如图15-13所示。

图15-13　拆下气门嘴盖

（2）对轮胎气压表进行校零，如图15-14所示。

图15-14　气压表校零

注意：

如果发现轮胎气压表有误差，测量后应减去误差值。

（3）将轮胎气压表插入气门嘴，然后读取轮胎气压值，如图15-15所示。

图15-15　测量轮胎气压

注意：

检查轮胎气压是否在正常范围内。如果轮胎气压不在规定值内，需要调整轮胎气压到规定值。

引导问题 9 如何检查发动机舱油水泄漏？

（1）学生观察车辆周围是否安全后进入驾驶室坐好，如图15-16所示。

图15-16 学生进入驾驶室坐好

（2）起动发动机，如图15-17所示。

图15-17 起动发动机

注意：

转动点火开关前先喊“起动发动机，请注意安全。”确认安全后，起动发动机。

（3）发动机运转后，学生走出驾驶室关闭车门，如图15-18所示。

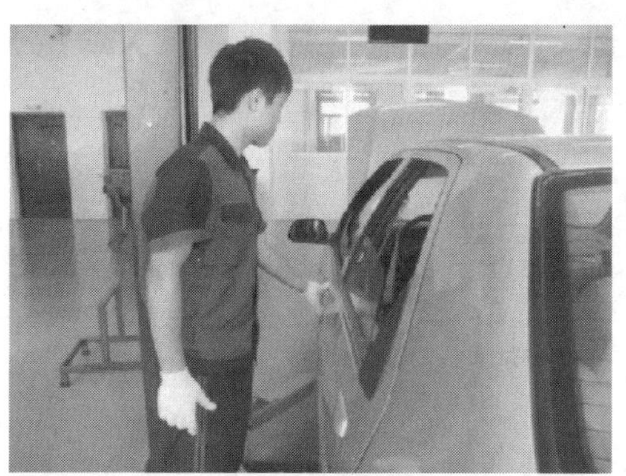

图15-18 关闭左前车门

注意：

起动发动机后，要确保变速杆处于驻车挡位置，同时拉紧驻车制动杆。

（4）学生站到车辆前部，检查发动机机油是否泄漏。如果视线不良，可使用手电筒照明，如图15-19所示。

图15-19　检查机油是否泄漏

注意：

发动机处于运行状态，检查时应注意安全。

（5）检查散热器盖是否泄漏，如图15-20所示。

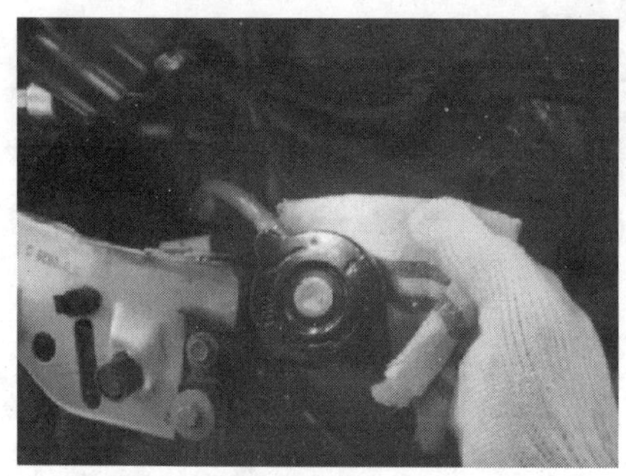

图15-20　检查散热器盖是否泄漏

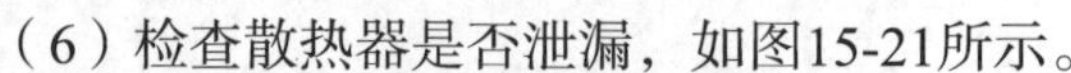

注意：

防止水温过高冷却水溢出。

（6）检查散热器是否泄漏，如图15-21所示。

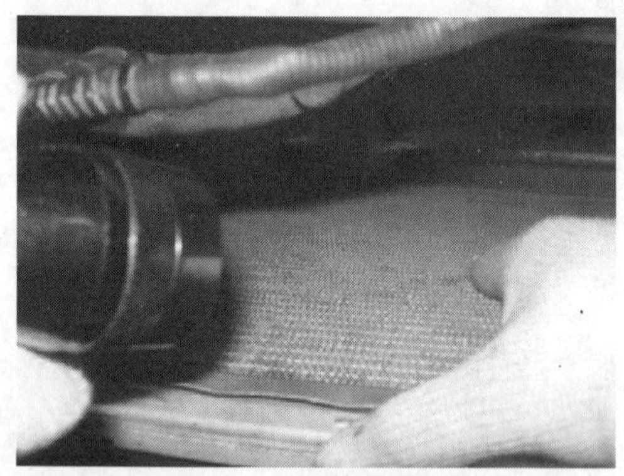

图15-21　检查散热器是否泄漏

注意：

如果视线不良，可使用手电筒照明。

（7）检查橡胶软管状况，如图15-22所示。

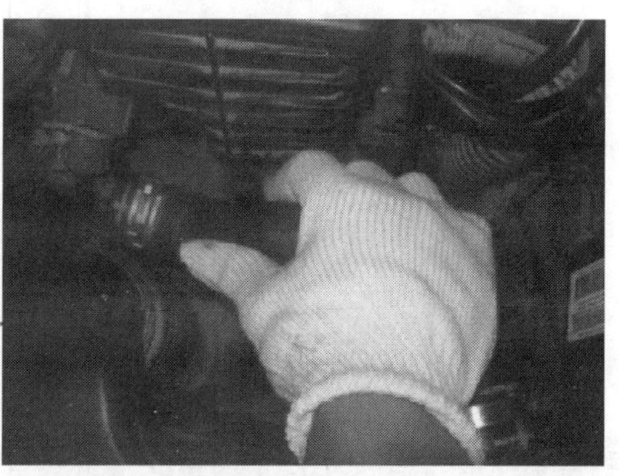

图15-22 检查橡胶软管

注意：

橡胶软管应该无裂纹、无凸起、无老化和无泄漏。

（8）检查橡胶软管卡箍状况，如图15-23所示。

图15-23 检查橡胶软管卡箍

注意：

卡箍应该无变形、无松动和无泄漏。

（9）检查暖风管路状况，如图15-24所示。

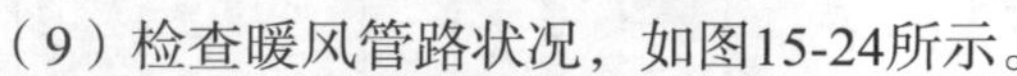

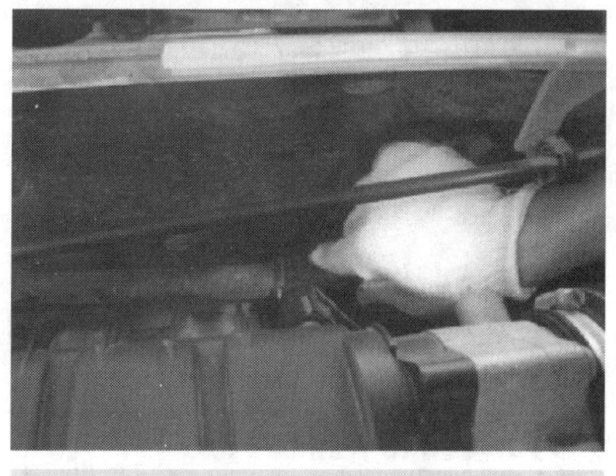

图15-24 检查暖风管路

注意：

暖风管路应该无裂纹、无凸起、无老化和无泄漏。

检查完上述项目后关闭发动机。

引导问题 10 ▶ **根据你的操作，填写表15-1。**

定期维护表

表15-1

CITROËN　　　　东风雪铁龙

定期维护　所有类型的汽油和双燃料车

□ 2006 1/2年型之后

4CN

□ 维护间隔 10 000km或每1年(TU3JP/K、TU5JP/K)
□ 维护间隔 15 000km或每1年(TU3AF、TU5JP4、EW10J4)，使用5W30机油
□ 维护间隔 15 000km或每1年(EW10A)，使用10W40机油

维护类型：　　　km　　　年

标准操作

其他 □　5W30 □　10W40SJ □

	操作	核查
■ 更换:		
— 发动机机油	□	□
— 机油滤清器	□	□
— 空气滤清器滤芯(TU3JP/K、TU5JP/K)	□	□
■ 检查以下液面，必要时添加:		
— 冷却液(包括检查浓度)	□	□
— 风窗玻璃洗涤液	□	□
— 制动液	□	□
— 动力转向液(依车型而定)	□	□
■ 检查，必要时更换		
— 管路系统、发动机和变速器箱壳体的密封和状况	□	□
— 传动轴、球销(包括变速操纵连接杆)和转向齿条防尘套密封和状况	□	□
— 三角臂和连接杆球头的密封及状况	□	□
— 前后减振密封和状况	□	□
— 排气管路和车身底部状况	□	□
— 轮胎磨损状况、压力和力矩	□	□
前 ____% 后 ____% 备胎 ____%		
— 照明灯、信号灯和喇叭	□	□
— 刮水器的状况	□	□
— 蓄电池的状况	□	□
— 前制动片磨损，包括制动盘的检查	□	□
制动片 左 ____mm 右 ____mm		
制动片 左 ____mm 右 ____mm		
— 后制动片磨损、包括制动盘的检查(依车型而定)	□	□
制动片 左 ____mm 右 ____mm		
制动片 左 ____mm 右 ____mm		
■ 清洁		
— 曲轴箱通风管、油气分离器(依车型而定)	□	□
— 进气压力传感器集油罐(依车型而定)	□	□
— 空气滤清器滤芯(依车型而定)	□	□
— 座舱空气过滤器(依车型而定)	□	□
■ 初始化:维护提示器(依车型而定)	□	□
■ 路试	□	□
■ 读取:自诊断内存	□	□

▲ 阶段性一般操作　■ 经常性一般操作

一般操作

每30 000km	操作	核查
▲ 更换:		
— 空气滤清器滤芯(依车型而定)	□	□
— 座舱空气过滤器(依车型而定)	□	□
— 火花塞	□	□
▲ 检查:		
— 气门间隙(依车型而定)	□	□
— 轮毂、球销、拉杆和铰链的间隙	□	□
— 离合器踏板的行程(依车型而定)	□	□
— 附件皮带张力和状况	□	□
— 驻车制动器制动刀	□	□
— 后制动蹄片磨损，包括制动鼓的检查(依车型而定)	□	□
拆下车轮检查 制动蹄 左 ____mm 右 ____mm		
制动蹄 左 ____mm 右 ____mm		

正时皮带

	操作	核查
● 更换:		
◎ 正时皮带	□	□
· 每80 000km或每6年(TU3JP/K、TU5JP/K)		
· 每90 000km或每6年		

根据使用年限

		操作	核查
● 测试:怠速和尾气排放	每1年	□	□
● 更换:			
◎ 冷却液	每2年	□	□
◎ 制动液(第1年检查含水率)	每2年	□	□
◎ 预张紧安全带和安全气囊	每10年	□	□

◎ 根据生产商的建议额外增加的操作

专门的操作

	操作	核查
所有车辆		
● 更换:		
◎ 汽油滤清器，每40 000km或45 000km(依车型而定)	□	□
GNG和LPG车型		
● 检查，每5 000km或7 500km(依车型而定)		
— 管路的密封和状况	□	□
— 供气系统各部件松动状况	□	□
● 检查，每15 000km(热机状况下)		
— 急速、λ值、系统工作参数	□	□
● 清洁，每45 000km(依车型而定)		
— 喷嘴	□	□
● 更换，每1年或10万km (出租车)(依车型而定)		
每2年或6万km (出租车)(依车型而定)		
— 低压气管组件	□	□

编号:BD-015-01/03/08

本人确认:

车辆识别号为LDC □□□□□□□□□□□□□□

的__________(车辆牌照号)车辆进行了维护。

维护操作人员签名:　　　日期:

车间联

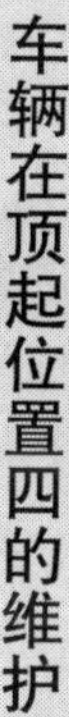

三、评价与反馈

对本学习任务进行评价，填写表15-2。

评价与反馈表

表15-2

考核项目	评分标准	分数	学生自评	小组互评	教师评价	小计
团队合作	是否和谐	5				
活动参与	是否积极主动	5				
安全生产	有无安全隐患	10				
现场“5S”	是否做到	5				
任务方案	是否正确合理	5				
操作过程	发动机机油滤芯的更换	8				
	加注发动机机油	8				
	空气滤芯的更换	8				
	紧固轮胎螺栓	8				
	轮胎气压的检查和调整	8				
	发动机舱油水泄漏的检查	10				
任务完成情况	是否圆满完成	5				
工具和设备使用	是否规范标准	5				
劳动纪律	是否严格遵守	5				
工单填写	是否完整规范	5				
总　分		100				
教师签字				得分		

四、学习拓展

1.查阅资料，简述机油滤清器的更换方法。

2.查阅资料，简述空气滤清器的更换方法。

3.查阅资料，简述发动机舱油水泄漏的检查方法。

学习任务十六

车辆的抽检与路试

◎完成本学习任务后，你应当能：

1.掌握车辆维护项目抽样检查的方法；

2.按照“5S”要求，完成对车辆的维护收尾工作；

3.掌握车辆路试的检查方法。

建议完成任务的时间为2课时。

学习任务描述

一辆爱丽舍轿车在行驶24 500km后，到维修站进行例行维护，维护人员完成车辆维护工作后即将向客户交付车辆，请你对该车进行最后的清洁和检查。

学习内容

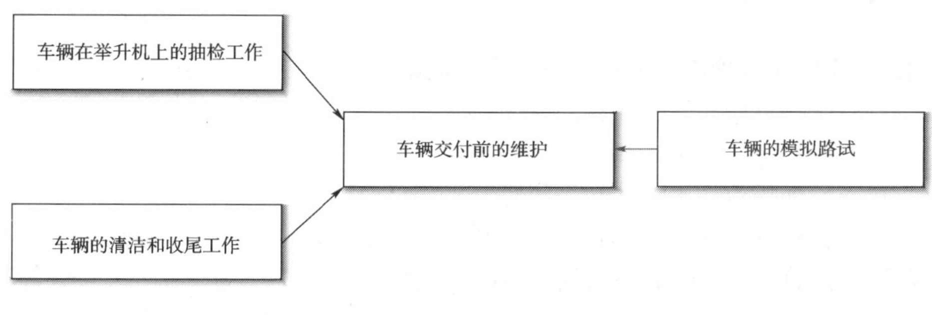

一、资料收集

引导问题1　车辆在维护完交付给客户之前还要做哪些工作？

（1）操作人员应对车辆进行全面的清洁。
（2）车辆在举升机上，检验员对维护项目进行抽检。
（3）检验员对车辆进行路试操作。

二、实施作业

引导问题2　作业需要哪些工具、设备和材料？

（1）抹布、拖把等。
（2）翼子板布、前格栅布和防护五件套。
（3）举升机和爱丽舍轿车。

引导问题3　作业前的准备工作有哪些？

（1）汽车进入工位前，将工位清理干净，准备好相关的器材。
（2）将汽车停驻在举升机中央位置。
（3）拉紧驻车制动杆，并将变速杆置于空挡或驻车挡（P挡）位置。
（4）安装防护五件套。
（5）在车内拉动发动机舱盖手柄，在车外打开并支撑发动机舱盖。
（6）粘贴翼子板布和前格栅布。

引导问题4　车辆完成维护后检验员如何对维护项目进行抽检？

根据东风雪铁龙维护工艺要求，车辆在完成维护后，必须由检验员对维护项目进行抽检，一般抽检三个项目（此处只做部分举例）。
（1）检查机油滤清器是否漏油，如图16-1所示。
（2）检查发动机冷却水液位是否正常，如图16-2所示。
（3）检查机油排放螺栓是否漏油，如图16-3所示。
其他检查方法可以参照前面的维护方法进行抽检。

图16-1 检查机油滤清器

注意：

学生站到发动机舱前面，左手用手电筒照机油滤清器盖，右手拿抹布擦机油滤清器盖连接部分，观察是否有漏油情况。

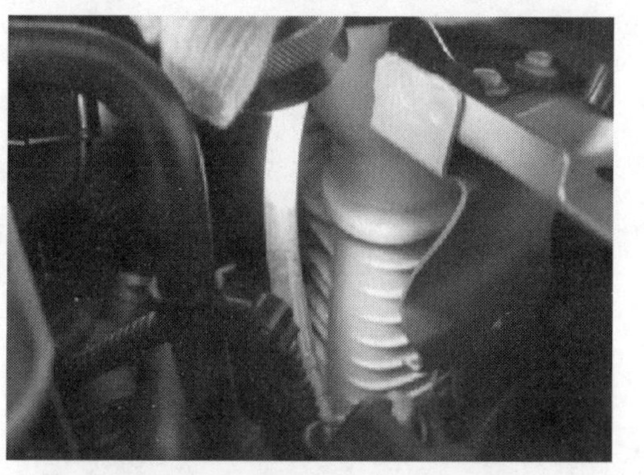
图16-2 检查冷却水液位

注意：

学生站到发动机舱前面，左手用手电筒照冷却水箱，观察发动机冷却水液位是否正常。

图16-3 检查机油排放螺栓

注意：

将车辆升到举升机最高位置，左手拿手电筒照亮，右手拿抹布擦净机油排放螺栓，观察是否有漏油现象。

引导问题5 车辆在维护完成后需要哪些收尾工作？

1 清洁发动机舱内部

（1）从工具车上拿出压缩空气枪，如图16-4所示。

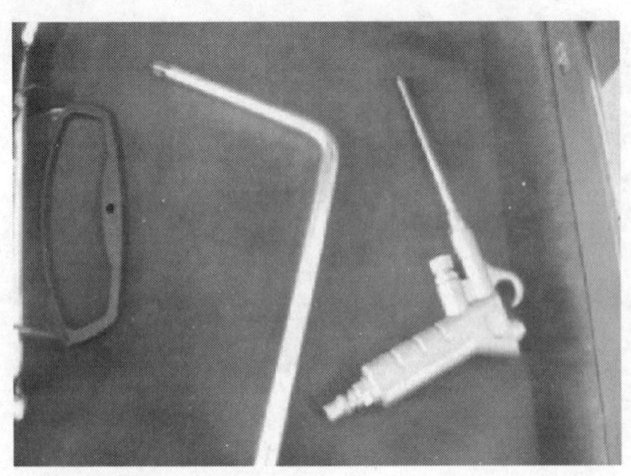

图16-4　拿出压缩空气枪

（2）拉出压缩空气管，如图16-5所示。

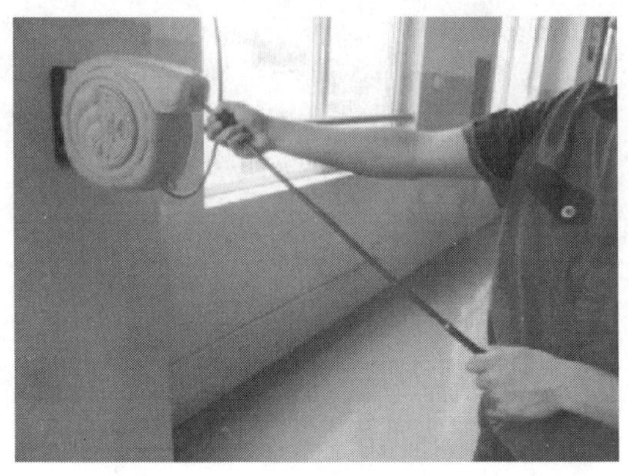

图16-5　拉出压缩空气管

注意：

一手拉住气管的一端，另一只手拉出气管直至拉伸到合适长度，听到“嗒嗒”声即可停止。

（3）将气枪插入气管接头内，如图16-6所示。

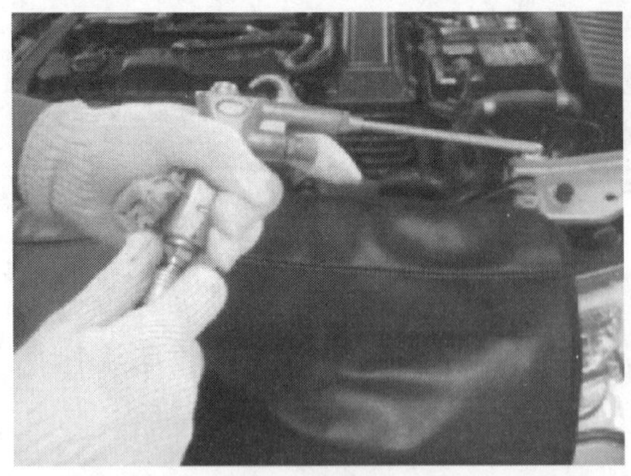

图16-6　将气枪插入气管接头内

（4）将气枪对准发动机舱内部，用高压气对发动机舱进行清洁，如图16-7所示。

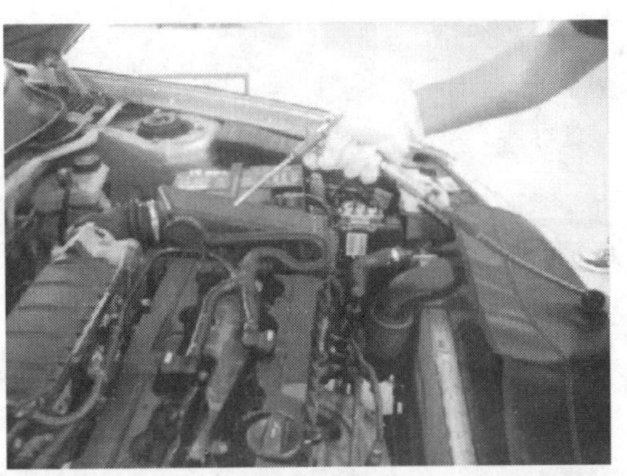
图16-7　用气枪清洁发动机舱

注意：
对于清洁不到的地方，需要用抹布进行清洁。

（5）清洁完发动机舱后，将气枪从气管抽出，如图16-8所示。

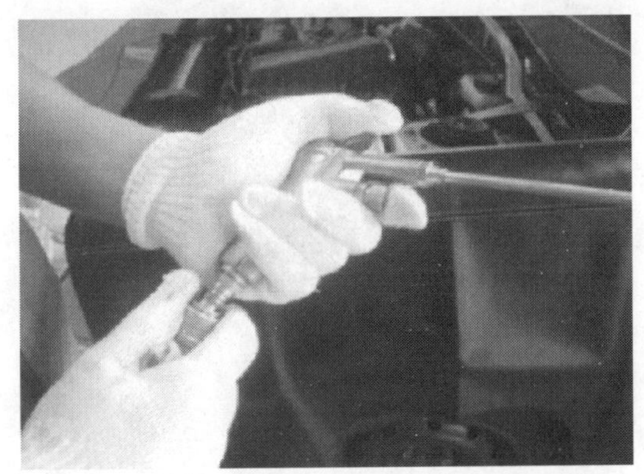
图16-8　抽出气枪

（6）将气管慢慢收回到气管回收器中，如图16-9所示。

图16-9　收回气管

注意：
拉动气管听到没有“嗒嗒”声后放松气管，让气管自动收回气管收回器中。

（7）收回前格栅布，折叠好放回工具车上，如图16-10所示。

图16-10　收回前格栅布

注意：

应将前格栅布折叠整齐。

（8）收回左前翼子板布，折叠好后放到工具车上，如图16-11所示。

图16-11　收回左侧翼子板布

（9）收回右前翼子板布，折叠好后放到工具车上，如图16-12所示。

图16-12　收回右侧翼子板布

注意：

左右翼子板布可以叠在一起。

2 清洁驾驶室内部

（1）用干净抹布清洁驾驶台和仪表板，如图16-13所示。

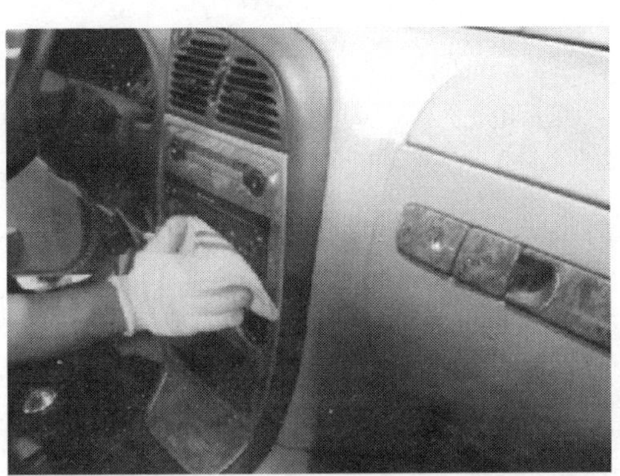
图16-13 清洁驾驶台

注意：

驾驶室容易脏污的地方都应该清洁。

（2）清洁烟灰缸，如图16-14所示。

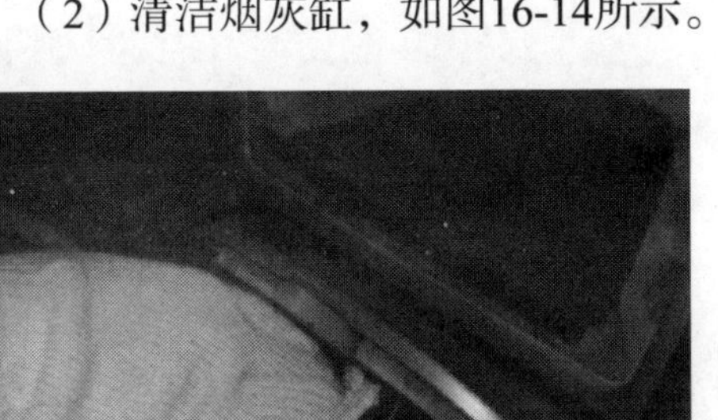
图16-14 清洁烟灰缸

注意：

如果烟灰缸内有烟头，需将其处理干净。

（3）清洁变速器杆，如图16-15所示。

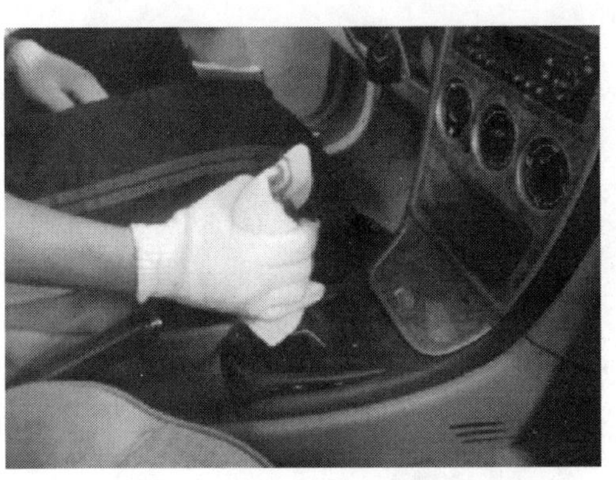
图16-15 清洁变速器杆

注意：

清洁前应拿掉变速杆套。

（4）清洁驻车制动杆，如图16-16所示。

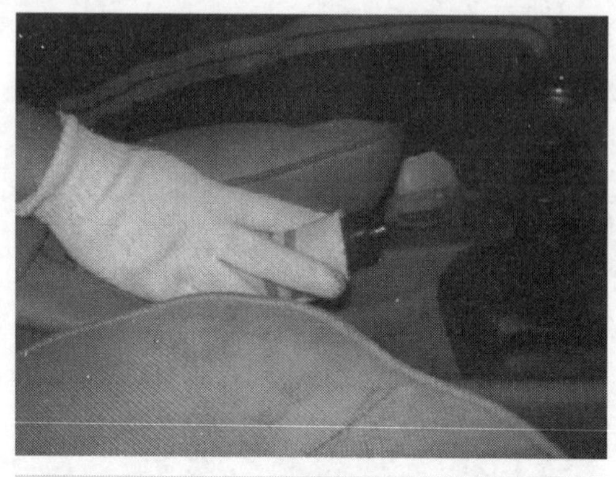

图16-16　清洁驻车制动杆

注意：

清洁前应拿掉驻车制动杆套。

（5）收起转向盘套，并清洁干净，如图16-17所示。

图16-17　清洁转向盘

注意：

清洁前应拿掉转向盘套。

（6）拔出车辆钥匙，如图16-18所示。

图16-18　拔出车钥匙

（7）收起驾驶室座椅套，如图16-19所示。

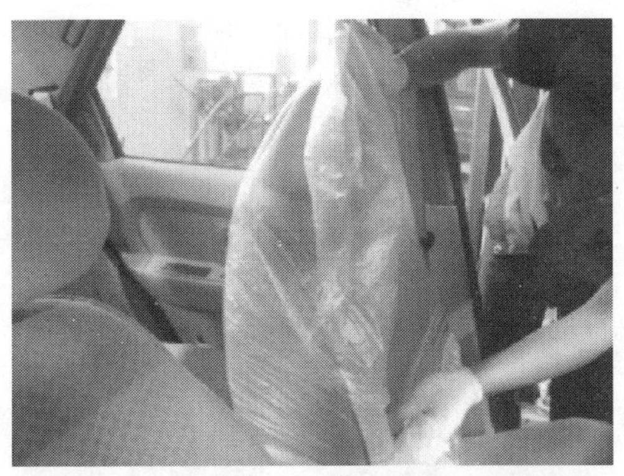

图16-19 收起座椅套

注意：

取掉驾驶座椅套时保持座椅的清洁。

（8）收起驾驶室地板垫，如图16-20所示。

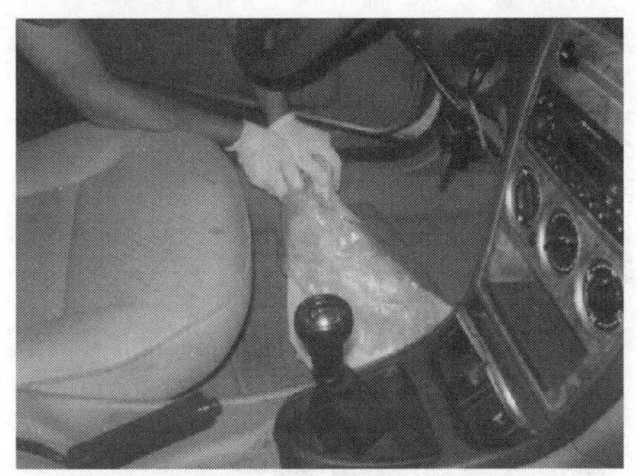

图16-20 收起地板垫

（9）关上车门，将废物放入垃圾桶内，如图16-21所示。

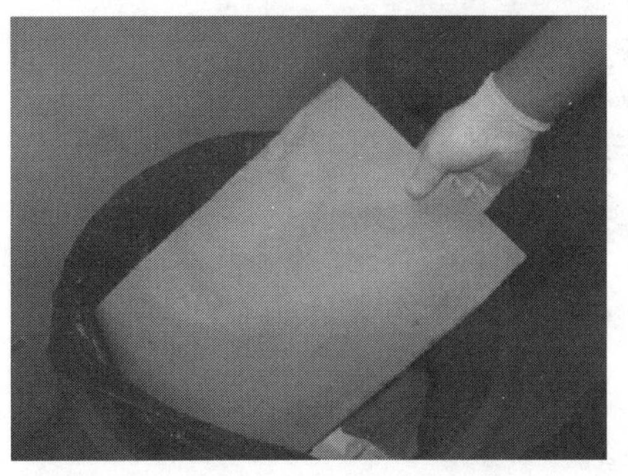

图16-21 丢弃废物

注意：

垃圾桶分为“金属”、“塑料”和“其他”，应将废物按照要求分类放置。

3 车辆外部的清洁

（1）用干净抹布清洁前风窗玻璃，如图16-22所示。

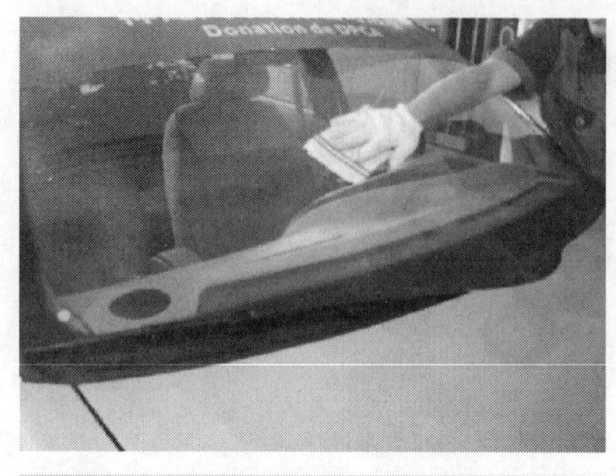

图16-22　清洁前风窗玻璃

注意：

清洁风窗玻璃时还应清洁刮水器片。

（2）清洁车辆左侧车身，如图16-23所示。

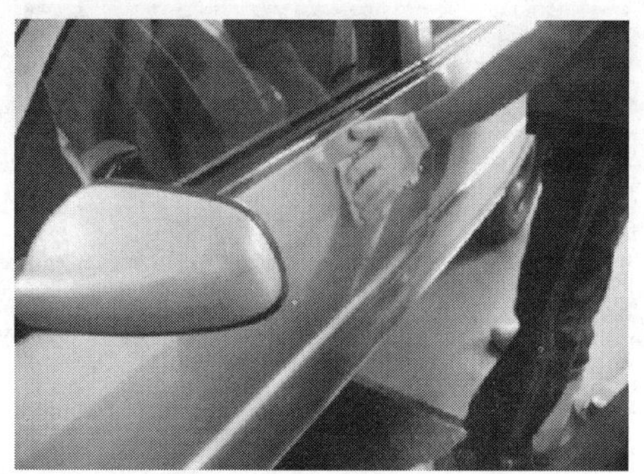

图16-23　清洁左侧车身

（3）清洁车辆后部，如图16-24所示。

图16-24　清洁车辆后部

（4）清洁车辆右侧车身，如图16-25所示。

图16-25 清洁右侧车身

注意：

还应清洁后风窗玻璃。

（5）清洁车辆前部，如图16-26所示。

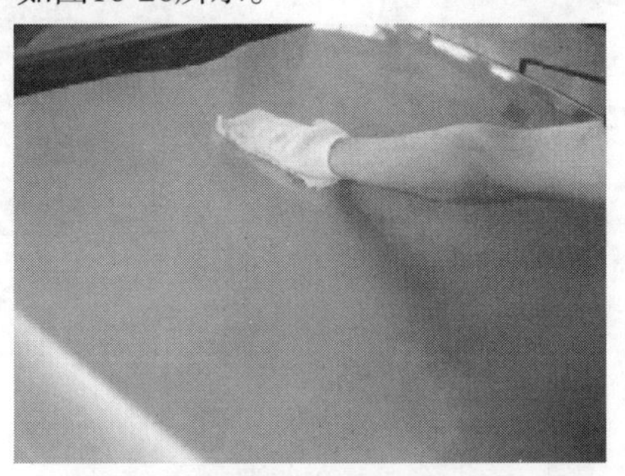

图16-26 清洁车辆前部

4 清洁操作设备

（1）清洁举升机操作台，如图16-27所示。

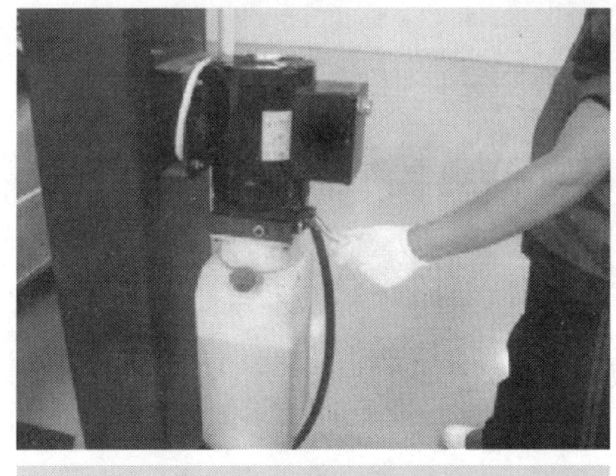

图16-27 清洁操作台

注意：

只要是操作过的地方必须清洁。

（2）清洁工具车，如图16-28所示。

（3）清洁零件车，如图16-29所示。

（4）清洁机油回收车，如图16-30所示。

（5）清洁轮胎托架，如图16-31所示。

（6）清洁操作场地，如图16-32所示。

图16-28　清洁工具车

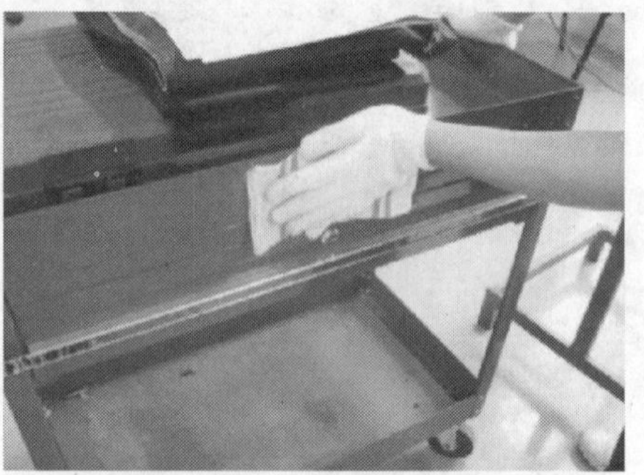

图16-29　清洁零件车

图16-30　清洁机油回收车

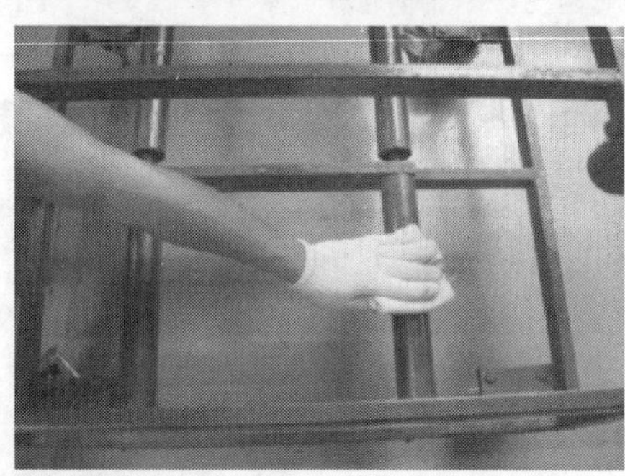

图16-31　清洁轮胎托架

图16-32　清洁操作场地

引导问题 6　车辆完成维护后有哪些路试项目?

路试前，必须踩几脚制动踏板确认制动有效，以保证安全。路试主要有以下项目：

（1）仪表动态显示是否正常；

（2）转向盘是否沉重（检查转向助力）；

（3）ABS 是否起作用（紧急制动方向控制）；

（4）有无直行跑偏现象（检查前轮定位）；

（5）发动机舱、底盘有无异响；

（6）发动机加速是否正常；

（7）后减振器有无异响。

引导问题 7 根据上述抽检，填写表16-1。

维护质检表 表16-1

涉及在 ABC 项中各检查要点的完成情况 东风雪铁龙

A

类别	项目	是	否
所有维修	● 使用车辆保护用具	□	□
	● 完成试车 不用 □	□	□
	● 接车时目视检查	□	□
定期维护	● 正确选择维护工艺	□	□
	● 在维护工艺卡上记录相关操作并将无关项划掉	□	□
	● 完成故障码阅读	□	□
	● 随机抽查3处定期维护项目进行检查	□	□
其他维修	● 按派工单上记录的项目进行操作	□	□
	● 已正确完成相关维修项目并安装好相应附件	□	□
	● 随机抽查4处目视检查项目进行检查	□	□

C

动态检查：

试车	好	坏	待查
检查：前行/倒车换挡	□	□	□
发动机运行	□	□	□
直行跑偏	□	□	□
制动跑偏	□	□	□

B

静态检查：功能	好	坏	待查
位置灯	□	□	□
近光灯-远光灯	□	□	□
转向灯	□	□	□
制动灯	□	□	□
倒车灯—牌照灯	□	□	□
前后雾灯	□	□	□
内部照明	□	□	□
安全信号灯	□	□	□
仪表显示(时间设定)	□	□	□
喇叭	□	□	□
刮水器功能/清洗液	□	□	□

质量检查

	好	坏	
车辆第一次检查	□	□	返工后检查合格
签字:			签字:

返工描述

____

____

____

维修解释

由接车员进行：	是□ 否□
交付人员签名：	
客户意见：	

其他检查

项目	是	否
车辆内外清洁	□	□
发票和派工单一致	□	□
出具维修保养质检单	□	□

三、评价与反馈

对本学习任务进行评价，填写表16-2。

评价与反馈表　　表16-2

考核项目	评分标准	分数	学生自评	小组互评	教师评价	小计
团队合作	是否和谐	5				
活动参与	是否积极主动	5				
安全生产	有无安全隐患	10				
现场5S	是否做到	10				
任务方案	是否正确合理	10				
操作过程	维护项目的三项抽检方法	10				
	发动机舱的清洁	15				
	驾驶室内的清洁	15				
任务完成情况	是否圆满完成	5				
工具和设备使用	是否规范标准	5				
劳动纪律	是否严格遵守	5				
工单填写	是否完整规范	5				
总　分		100				
教师签字				得分		

四、学习拓展

1.查阅资料，简述如何对车辆维护项目进行抽检。

2.查阅资料，简述如何清洁发动机舱内部。

3.查阅资料，简述清洁驾驶室内部的要求。

参 考 文 献

[1] 王德平，王健，石光成. 汽车维护［M］.北京：人民交通出版社，2011.

[2] 陈峰，步渊.东风雪铁龙爱丽舍轿车维修手册［M］. 北京：人民交通出版社，2003.